आधुनिक भारत की द्वंद्व-कथा

वाणी प्रकाशन
नयी दिल्ली-110002
फोन : 23273167, 23275710 ● फैक्स : 23275710
e-mail : vani_prakashan@yahoo.com
vani_prakashan@mantraonline.com

आधुनिक भारत की द्वंद्व-कथा

(प्रभुत्व और प्रतिरोध का द्वंद्वात्मक विमर्श)

शिव नारायण सिंह अनिवेद

अनुवाद

निर्मला जैन

वाणी प्रकाशन का 'लोगो'
विख्यात चित्रकार मक़बूल फ़िदा हुसेन की
कूची से

ISBN : 978-93-5229-226-4

वाणी प्रकाशन
21-ए, दरियागंज, नयी दिल्ली-110002
द्वारा प्रकाशित

प्रथम संस्करण : 2005 मूल्य : 100.00

आवरण चित्र : शिव नारायण सिंह अनिवेद
शुभम ऑफसेट, दिल्ली-110032
में मुद्रित

ADHUNIK BHARAT KI
DWANDWA-KATHA
by Sheo Narayan Singh Anived
Translation Nirmala Jain

माई-बाबू को

भूमिका

इस पुस्तक की पृष्ठभूमि में, मेरे स्वतंत्रता सेनानी पितामह (बाबा) स्व. श्री शिवदर्शन सिंह द्वारा 1942 के 'भारत छोड़ो आंदोलन' के दौरान जेल में गुजारे गए छह महीने के उनके अनुभव हैं। इस आंदोलन में भाग लेने के लिए गाँव के खेतिहर दलित मजदूरों के साथ अंग्रेजी शासन ने उन्हें गिरफ्तार किया था तथा छह महीने की कड़ी सजा दी थी। बाबा इसे देश की आजादी में अपना एक छोटा-सा योगदान मानते थे। मैं उन्हीं के साहचर्य में दर्जा 12 तक गाँव में ही रहा-पढ़ा। बाबा अक्सर गुलामी के दिनों के हालात, आजादी के आंदोलन और खासकर महात्मा गाँधी तथा सुभाषचंद्र बोस के किस्से सुनाया करते थे। वे आजाद भारत के बदलते शक्लो-सूरत का तप्सरा भी किया करते थे। गाँव का हम लोगों का जीवन आर्थिक रूप से विपन्न, लेकिन मानसिक-भावनात्मक और मानवीय मूल्यों के स्तर पर बहुत ही संपन्न जीवन था। सन् 1977 में गाँव से इंटरमीडिएट करने के पश्चात्, मैं पहली बार गाँव से शहर आया। सन् 1977, ऐतिहासिक दृष्टिकोण से भी जयप्रकाश नारायण के आंदोलन के फलस्वरूप इमरजेंसी हटाए जाने का क्रांतिमय-सा वर्ष था। मेरे मानस पर इसकी अमिट छाप है। बनारस

हिंदू यूनिवर्सिटी, वाराणसी में बी. फार्म. का छात्र होने के साथ-साथ इतिहास, समाजशास्त्र तथा सामान्य ज्ञान के निजी अध्ययन के फलस्वरूप 1983 में भारत सरकार की सेवा में नियुक्त हुआ। यहीं से राज्य तथा समाज के अंतर्संबधों के अनुभवों की टकराहट शुरू हुई।

गाँव और शहर, गरीबी और अमीरी, ईमानदारी और बेईमानी, आत्म-सम्मान और आत्म-समर्पण, स्वाधीन भारत और पराधीन भारत, भारत और इंडिया तथा समाज और राज्य की जटिलताओं के सवाल हर वक्त मेरे दिलो-दिमाग में गूँजते रहते थे। जैसे-जैसे शहरी अनुभवों का सिलसिला बढ़ता गया, मुझे यह एहसास कचोटता गया कि गाँव में हमारा जीवन कितना बड़ा और जगत कितना छोटा था। जबकि इसके विपरीत शहर में जीवन हर दिन छोटा होता चला गया है तथा जगत बड़ा से और बड़ा। जीवन और जगत के इसी द्वंद्व को पकड़ने की कोशिश, यह पुस्तक है। इस पुस्तक में, मैंने आधुनिक भारतीय समाज की जटिलताओं तथा विशिष्टताओं को, प्रभुत्व तथा प्रतिरोध की द्वन्द्वात्मकता की सैद्धान्तिकी द्वारा अनावृत्त करने का प्रयास किया है। यह सैद्धान्तिकी मेरे पाँच गुरुओं – फ्रेयरे, फेनों, फूको, ग्राम्शी और गाँधी के दर्शन तथा मेरे व्यक्तिगत अनुभवों से उपजी है। यह पुस्तक, मूलतः अंग्रेजी में मोनोग्राफ के रूप में नेहरू मेमोरियल म्यूज़ियम ऐंड लाइब्रेरी, तीन मूर्ति भवन, नयी दिल्ली, द्वारा नवंबर, 2003 में प्रकाशित हुई। शीर्षक है, 'डी-कंस्ट्रक्टिंग द हेजेमनी ऑफ द स्टेट : डायलेक्टिक्स ऑफ डॉमिनेशन ऐंड रेजिस्टेंस' (राज्य के वर्चस्व का विखंडन : प्रभुत्व और प्रतिरोध की द्वंद्वात्मकता)। अपने मूल रूप में यह शोध-निबंध है, जिसकी रचना मैनचेस्टर विश्वविद्यालय इंग्लैंड, के आर्थिक तथा सामाजिक अध्ययन संकाय के एक प्रोजेक्ट के अंतर्गत की गई है। संदर्भ है औपनिवेशिक बरक्स उत्तर-औपनिवेशिक भारत, यानी पराधीन और स्वाधीन भारत।

मोनोग्राफ का हिंदी रूपांतरण मेरे अनुरोध पर प्रख्यात आलोचक डॉ. निर्मला जैन ने किया है। इसके लिए मैं उनके प्रति हृदय से आभार व्यक्त करता हूँ। हिंदी रूपांतरण में मैंने मोनोग्राफ का विषय विस्तार भी किया है। इस पुस्तक में व्यक्त विचार तथा विश्लेषण, मेरी व्यक्तिगत अभिव्यक्तियाँ हैं। इस पुस्तक के कुछ अंश 'हंस' पत्रिका में प्रकाशित हो चुके हैं, जिसके लिए मैं 'हंस' के संपादक राजेंद्र यादव जी का आभारी हूँ। इसी के साथ मैं इस पुस्तक के प्रकाशक वाणी प्रकाशन, नयी दिल्ली के स्वत्वाधिकारी श्री अरुण माहेश्वरी का भी हृदय से आभार व्यक्त करता हूँ, जिनके सहयोग के परिणामस्वरूप यह पुस्तक आपके हाथों में है।

शिव नारायण सिंह अनिवेद

2 अक्तूबर, 2005

नई दिल्ली

अनुक्रम

राज्य के वर्चस्व का विखंडन : प्रभुत्व और प्रतिरोध की द्वंद्वात्मकता

"मार्क्स का कहना था कि पूँजीवादी व्यवस्था महज 'आर्थिक संबंधों के ढीले दबावों के आधार पर कभी टिकाऊ नहीं हो सकी'। राज-अधिनियम ऐसी चीज नहीं है जिसे अंधकार युग के 'आदिम संचयन' की प्रक्रिया मानकर भुला दिया जाए। पूँजीवाद से उसका अनिवार्य संबंध है। साथ ही बुर्जुआ सभ्यता के साथ उसका सहअस्तित्व हमेशा रहा है और भविष्य में भी रहेगा। 'राज्य', वह तंत्र है, जिसके माध्यम से बुर्जुआ समाज अपनी सामाजिक शक्ति की व्यवस्था करता है। लेकिन वह शक्ति और उसकी बुनियादी हिंसा केवल 'कारावासों' और सशस्त्र सैनिक टुकड़ियों के बाह्य दमनकारी रूप में ही व्यक्त नहीं होती। इस शक्ति के बृहत् प्रभाव को, तब तक नहीं समझा जा सकता, जब तक राजकीय तंत्रों को सांस्कृतिक तंत्र के रूप में और राज्य-संघटना को सांस्कृतिक क्रांति के रूप में न समझा जाए। साथ ही यह न समझा जाए कि हमारे सांस्कृतिक प्रतीक, राज्य के द्वारा नियमित किए जाते हैं। हम

कहना चाहेंगे, कि राज्य की शक्ति के केंद्रीय आयाम इस बात में अंतर्निहित हैं, कि कैसे—व्यापक तौर पर और लगातार वह हम सबके भीतर कार्य करता है।"

कॉरिगन और सेयर (1985, 199-200)

❑ प्रभुत्व और प्रतिरोध की द्वंद्वात्मकता : एक सैद्धांतिक अवधारणा

सैद्धांतिकी (थियरी), तथ्यों के अंतर्संबंधों का अनावरण करने का माध्यम होती है। एक अवधारणात्मक परियोजना, जिसके द्वारा हम प्रासंगिक तथ्यों, घटनाओं, अनुभवों, प्रयोगों को परिभाषित, वर्गीकृत तथा सुव्यवस्थित करने का प्रयास करते हैं। सामाजिक सैद्धांतिकी का उद्‌देश्य मानव समाज के बारे में वैज्ञानिक सत्य को उद्‌घाटित करना होता है। संपूर्ण समाजविज्ञान के संपूर्ण सिद्धांत, मानव अस्तित्व तथा अनुभवों की व्याख्या करने के लिए उनका पुनर्निर्माण करते हैं। आधुनिक युग के आरंभ से ही समाज-वैज्ञानिक, 'विज्ञान के नियमों' की तर्ज पर 'समाज के नियमों' की स्थापना करने में लगे हुए हैं। लेकिन समाजविज्ञान का विषय मनुष्य होता है, जो विज्ञान की विषय वस्तु से सर्वथा भिन्न है। अतएव मानव समाज के किसी भी अध्ययन में खास तरह का लचीलापन बना रहना स्वाभाविक है। चाहे मार्क्सवाद हो या संरचनात्मक प्रकार्यवाद, उत्तर-संरचनावाद हो या उत्तर-आधुनिकतावाद, मानव अनुभवों के बारे में 'नियतत्ववादी' नहीं हुआ जा सकता। विविधता, मानवशक्ति, संस्कृति, जेंडर, भौगोलिक-विशिष्टता, देशज ज्ञान परंपरा इत्यादि का प्रभाव, हर सिद्धांत को परिस्थिति-विशेष के अनुसार मोड़ता है। आज जिस भूमंडलीय युग में हम जी रहे हैं उसमें विचार, आख्यान, संस्थाएँ, शरीर, संस्कार, ज्ञान, आत्म, प्रकृति, पूरा जीवन, कुछ भी 'प्रदत्त'

नहीं रह गया है। आधुनिकता ने प्रकृति और परंपरा सभी की निश्चितताओं को झकझोर दिया है और आधुनिक मानव का दैनंदिन जीवन भूमंडलीय तथा स्थानीय शक्तियों की अंतःक्रीड़ा द्वारा निरूपित हो रहा है। इस पृष्ठभूमि में मैंने इस पुस्तक में औपनिवेशिक तथा उत्तर-औपनिवेशिक भारतीय समाज के यथार्थ को प्रभुत्व तथा प्रतिरोध की द्वंद्वात्मकता की अपनी सैद्धांतिक अवधारणा से अनावृत करने का प्रयास किया है।

भारतीय सामाजिक-सांस्कृतिक संदर्भ में वर्ग-विश्लेषण के बजाय, समाज के एक खास समूह द्वारा, दूसरे समूह के जीवन पर 'प्रभुत्व' स्थापित करने की क्षमता या उसके अभाव के आधार पर विश्लेषण करना मुझे ज्यादा प्रासंगिक लगा। 'प्रभुत्व' की अवधारणा में राजनीतिक, आर्थिक, सामाजिक तथा सांस्कृतिक-मनोवैज्ञानिक सभी शक्तियों का समागम है। मसलन, गाँव के एक गरीब सवर्ण का गरीब दलित के ऊपर सामाजिक प्रभुत्व, किस तरह, पूरे सत्ता-समीकरणों को प्रभावित करता है, इसके महत्त्व को मात्र आर्थिक विश्लेषण से नहीं समझा जा सकता है। सामाजिक जीवन के यथार्थ में न तो प्रभुत्व स्थायी होता है न प्रतिरोध। दोनों की गतिशीलता सामाजिक समूहों के आंतरिक सत्ता-संबंधों को संचालित करती है। जो सामाजिक समूह दूसरे समूहों पर प्रभुत्व स्थापित कर लेता है, वह सिविल समाज तथा राज्य का भी नेतृत्व करता है। इसी के साथ प्रभुत्वशाली वर्ग का पूरे समाज पर तभी वर्चस्व स्थापित हो पाता है, जब प्रभुत्वहीन सामाजिक समूह, उसके शासन को नैतिक-बौद्धिक-सांस्कृतिक सहमति प्रदान कर दे। प्रतिरोधी सामाजिक समूह तब अपना वर्चस्व स्थापित कर पाता है, जब वह जन-आंदोलनों के माध्यम से प्रभुत्वशाली वर्ग को पदच्युत कर जन-वर्चस्व द्वारा राज्य पर अधिकार कर लेता है, जैसा भारतीय स्वतंत्रता आंदोलन ने किया। इस तरह स्वतंत्रता आंदोलन ने प्रतिरोध के वर्चस्व की स्थापना की थी।

वर्चस्व लक्ष्य है, साध्य है; प्रभुत्व तथा प्रतिरोध इस लक्ष्य की प्राप्ति के साधन हैं। राज्य-प्रभुत्व, शासित समाज की नैतिक-बौद्धिक-सांस्कृतिक सहमति से राज्य-वर्चस्व की स्थिति पा लेता है। इसी तरह जन-प्रतिरोध, व्यापक राष्ट्रीय जन-आंदोलन बनकर जन-वर्चस्व यानी सत्ता-परिवर्तन हासिल कर लेता है, जिसे फिर राज्य-वर्चस्व प्राप्ति के लिए उसी प्रक्रिया से गुजरना होता है। राज्य की प्रभुसत्ता के प्रतिपक्ष में प्रतिरोध की प्रभुसत्ता यानी राज्य-प्रभुता के प्रतिरोध में जन-प्रभुता की उत्पत्ति कैसे होती है, अपनी इस मूल सैद्धांतिक अवधारणा को, यहाँ मैं प्रभुत्व और प्रतिरोध की द्वंद्वात्मकता के रूप में निम्नलिखित आरेख के द्वारा स्पष्ट करना चाहता हूँ :

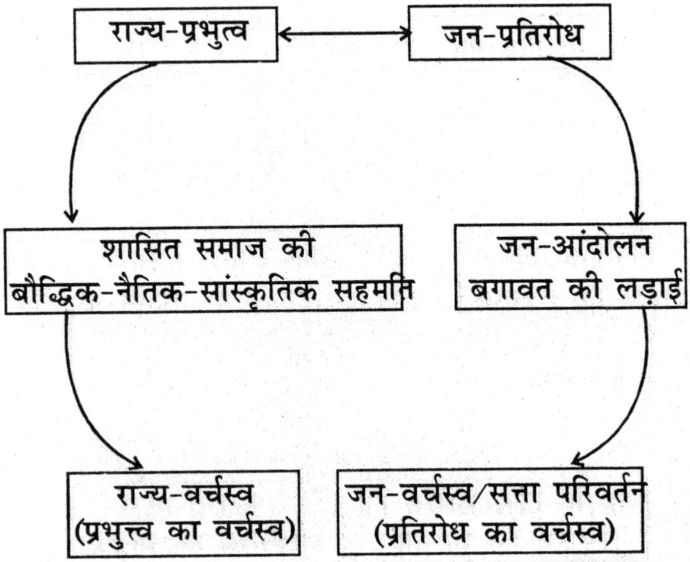

आरेख : राज्य-वर्चस्व का विखंडन : प्रभुत्व और प्रतिरोध की द्वंद्वात्मकता

इसको और स्पष्ट रूप से इस तरह समझा जा सकता है, कि अगर जन-प्रतिरोधों को 'बगावत की लड़ाई' के रूप में संगठित किया जाए, तो परिणाम होता है बगावत की प्रतिरोधी जन-वर्चस्व की सत्ता का उद्भव यानी क्रांति। इसी तरह किसी राज्य का वर्चस्व, समाज पर तभी स्थापित होता है, जब शासित जनता उसके नैतिक-राजनीतिक और बौद्धिक-सांस्कृतिक नेतृत्व को स्वीकार कर ले। मात्र राजनीतिक-आर्थिक-सामरिक प्रभुत्व के बलबूते आजतक कोई राज्य शासित समाज पर, वर्चस्व स्थापित नहीं कर पाया है।

मैं 'वर्चस्व' की खोज या व्याख्या किसी पूर्व निश्चित खाँचे के भीतर रखकर नहीं कर रहा, बल्कि उसकी मुकम्मल समझ के लिए विवादों और संघर्ष के विविध बिंदुओं पर नजर डालना जरूरी समझता हूँ। भारत राज्य की राजनीतिक-अर्थव्यवस्था और भारतीय समाज के अद्वितीय इतिहास और परंपराओं ने सांस्कृतिक दृष्टि से एक-दूसरे का रूप-निर्माण किया है। मैंने इसी पारस्परिकता में निहित सच्चाई का विखंडन ग्राम्शीय शब्दावली और अवधारणा की सहायता से करने का प्रयास किया है। मैंने राज्य की वर्चस्विता के विभिन्न आयामों और उनके खिलाफ खड़ी होने वाली प्रतिरोधी शक्तियों को लेकर कुछ महत्त्वपूर्ण सवाल उठाए हैं। इस पुस्तक में राज्य की प्रभुसत्ता और जनता की प्रतिरोधी सत्ता के द्वंद्वों को पकड़ने की कोशिश की गई है। क्या राज्य की वर्चस्विता, बुर्जुआ पूँजीवादी सभ्यता के महाआख्यान के सार्वीकरण में निहित है? जनता के सामान्य जीवन में राज्य की वर्चस्ववादी उपस्थिति कितनी है और कहाँ तक स्वीकार्य है? संक्षेप में, मैंने वर्चस्विता की रहस्यमयता से पर्दा उठाने का प्रयास किया है। जाहिर है, इस काम में 'ग्राम्शी पद्धति' का आवश्यकतानुसार प्रयोग किया गया है। वास्तव में, यह वर्तमान समय का महत्त्वपूर्ण विमर्श है 'प्रभुत्व और प्रतिरोध' के चरित्र की सही समझदारी। इस पुस्तक में इसी विमर्श के लिए जमीन

तैयार की गई है।

यह पुस्तक, भारत के वर्तमान को समझने के उद्देश्य से अतीत का, उत्खनन है। इस पूरे विमर्श में, मैंने अपने अनुभवों, साहित्य और अपनी सांस्कृतिक विरासत को ग्राम्शी के साथ-साथ गाँधी, फेनों, फूको और फ्रेयरे के वैचारिक विवेक की सोहबत में देखा है। हर राज्य अपने शासित समाज के ऊपर वर्चस्व कायम करने का प्रयास करता है। इस वर्चस्व के दो हिस्से होते हैं। एक है–राज्य का समाज के ऊपर सैनिक, राजनीतिक और आर्थिक प्रभुत्व, दूसरा हिस्सा है समाज द्वारा राज्य के प्रभुत्व को सांस्कृतिक-नैतिक-बौद्धिक सहमति या असहमति। केवल सैनिक, राजनीतिक तथा आर्थिक प्रभुत्व के आधार पर शासित समाज, किसी भी राज्य को नैतिक वर्चस्व की स्वीकृति नहीं देता। इस तरह जब तक शासित समाज, राज्य को नैतिक-बौद्धिक-सांस्कृतिक सहमति नहीं देता, तब तक समाज पर उसका वर्चस्व स्थापित नहीं होता। मेरा मानना है, कि आदिम काल से लेकर आजतक का हर तरह का राज्य, शासित समाज पर केवल सैनिक, राजनीतिक तथा आर्थिक आधिपत्य से ही संतुष्ट नहीं हुआ, वह शासित समाज पर अपने प्रभुत्व की वैधता हासिल करने के उद्देश्य से समाज की सांस्कृतिक-नैतिक-बौद्धिक सहमति भी प्राप्त करने का प्रयास करता है। यहीं राज्य और समाज के अंतर्संबंधों की द्वंद्वात्मकता की शुरुआत होती है। राज्य तथा समाज के प्रभुत्वशाली वर्ग द्वारा शासित समाज पर वर्चस्व स्थापित करने की इसी प्रक्रिया के विखंडन के माध्यम से मैंने इस पुस्तक में औपनिवेशिक तथा उत्तर-औपनिवेशिक भारत की तस्वीर प्रस्तुत करने की कोशिश की है। भारत क्या है? क्या था? भारत की अवधारणा क्या है? इस विषय पर इतिहासकारों, समाजशास्त्रियों, राजनीति-वैज्ञानिकों, साहित्यकारों, दार्शनिकों द्वारा पहले भी पुस्तकें लिखी जा चुकी हैं। मैंने इस पुस्तक में पराधीन तथा स्वाधीन भारत के सामाजिक यथार्थ

को अनावृत करने के लिए, राज्य के वर्चस्व के विखंडन को माध्यम बनाया है, और इस प्रिज्म के आर-पार देखने से आधुनिक भारत की जो तस्वीर उतरती है, उसी को इस पुस्तक में प्रस्तुत करने का प्रयास किया है।

उन्नीसवीं शताब्दी के चिंतकों, जैसे कार्ल मार्क्स द्वारा आधुनिक समाज में पूँजी के मूल महत्त्व तथा मैक्स वेबर द्वारा आधुनिक समाजों के नौकरशाहीकरण की आधारभूत अवधारणाओं से हटकर, बीसवीं शताब्दी के चिंतकों ग्राम्शी, गाँधी, फेनों, फूको तथा फ्रेयरे ने समकालीन सामाजिक यथार्थ को अनावृत करने के लिए संस्कृति तथा राजनीति के अंतर्संबंधों का गहराई से अध्ययन किया है। इतालवी दार्शनिक तथा राजनीतिज्ञ ग्राम्शी ने संस्कृति तथा राजनीति के अंतर्संबंधों की मौलिक व्याख्या की है। उनकी 'हेजेमनी' की अवधारणा, शासक वर्ग या सिविल सोसाइटी द्वारा राज्य-सत्ता के वर्चस्व के लिए संस्कृति के उपयोग को रेखांकित करती है। ग्राम्शी इसी के साथ शासित वर्ग द्वारा शासक वर्ग के वर्चस्व के प्रतिरोध में संस्कृति का प्रयोग 'काउंटर-हेजेमनी' की अवधारणा में करते हैं। उनके विचारों के अनुसार राज्य-सत्ता का सैनिक-राजनीतिक-आर्थिक प्रभुत्व, शासित समाज पर तभी स्थायी हो पाता है, जब संस्कृति के उपयोग से शासित समाज के ऊपर नैतिक-बौद्धिक-सांस्कृतिक वर्चस्व (हेजेमनी) स्थापित हो सके। इसी तरह प्रतिरोध के आंदोलन (सैनिक-राजनीतिक-आर्थिक मुद्दों पर प्रतिरोध के साथ-साथ) तब तक सांस्कृतिक पहलुओं पर सफलता प्राप्त नहीं कर पाते, जब तक कि सत्ता परिवर्तन या प्रतिरोध का वर्चस्व (काउंटर-हेजेमनी) स्थापित नहीं हो पाता। फलस्वरूप शासक व शासित वर्ग के बीच, संस्कृति के स्तर पर वर्चस्व का खेल सतत चलता रहता है। सत्ता के लिए विभिन्न राजनीतिक-दलों और संगठनों में, लगातार बनते-बिगड़ते समीकरणों को, सामाजिक-सांस्कृतिक स्तर पर लगातार गतिमान

प्रभुत्व-प्रतिरोध के इस द्वंद्वात्मक अंतर्संबंध के बाहरी परिणामों के रूप में देखा जा सकता है।

सत्ता तथा समाज के अंतर्संबंधों में प्रभुत्व तथा प्रतिरोध की इसी द्वंद्वात्मकता का उपयोग महात्मा गाँधी ने स्वतंत्रता आंदोलन के दौरान किया। उन्होंने भारतीय सांस्कृतिक प्रतीकों—अहिंसा, सत्याग्रह और चरखा के माध्यम से अंग्रेजी राज्य के प्रभुत्व को चुनौती दी। राज्य की हिंसा का प्रतिरोध उन्होंने अहिंसा से किया, राज्य की पूँजीवादी व्यवस्था का विरोध चरखा और नमक आंदोलन से और झूठ के शासन को सत्याग्रह के माध्यम से चुनौती दी। उन्होंने राष्ट्र की मुक्ति के लिए 'भारत माता' को प्रतीक बनाया। सत्ता तथा संस्कृति के अंतर्संबंधों को ऐतिहासिक परिप्रेक्ष्य प्रदान करते हुए फ्रांसीसी लेखक फ्रेंज फेनों ने, उपनिवेशवाद द्वारा शासित समाज और व्यक्ति पर होने वाले सामाजिक, आर्थिक, राजनीतिक, सांस्कृतिक एवं मनोवैज्ञानिक प्रभावों का बारीकी से अध्ययन किया है। उनका कहना है कि जब एक समाज, औपनिवेशिक अधीनता के दौर से सौ-दो सौ वर्ष गुजर चुका होता है, तो उसके परिणाम सांस्कृतिक पराधीनता, राष्ट्र की गरीबी और राजनीतिक निर्भरता में परिलक्षित होते हैं। अतएव राष्ट्र-राज्य की स्वाधीनता, सांस्कृतिक पुनर्जागरण के बगैर अधूरी रह जाती है। मैक्सिको के शिक्षाविद् पाउलो फ्रेयरे ने दर्शाया है कि प्रताड़ित दलित जनता, किस तरह अपने जीवन को नरक बनाने वाले अन्यायपूर्ण यथार्थ में आकंठ डूब जाती है, तथा उसकी सोच-समझ, जागरूकता लगातार कुंद होती चली जाती है, अतएव शासित वर्ग के लिए, संस्कृति के स्तर पर प्रतिरोध इस अन्यायपूर्ण यथार्थ से मुक्त होकर, जागरूक होने का पहला कदम है। फूको ने राजनीति तथा संस्कृति के अंतर्संबंधों को आधुनिक परिप्रेक्ष्य देते हुए कहा है, कि आधुनिक युग के पहले, सम्राट मृत्यु दंड देने का अधिकार रखते थे, जबकि आधुनिक राष्ट्र-राज्य-सत्ता

अनेकानेक नियमों-कानूनों के तहत हमारे जीवन के हर पहलू को नियंत्रित करके हमारे रोजमर्रा के अस्तित्व का अवमानवीकरण करती है।

❑ राज्य, समाज और संस्कृति की अंतर्व्याप्ति

राज्य आखिर है क्या? वह कोई वस्तु है या फिर मिथक? प्लेटो और हेगेल जैसे विचारकों की तरह कैसिरर (1969), ने इस संदर्भ में राज्य के स्वरूप का विश्लेषण करते हुए 'राज्य की मिथकीयता' पर बल दिया है, और दर्शाया है कि राज्य की सत्ता मिथकीय होती है। हेगेल की दृष्टि में भी राज्य की हैसियत केवल जन प्रतिनिधि की नहीं है, वह तो 'विश्व की आत्मा' का साक्षात् मूर्तिमान रूप है (कैसिरर, 1969, 263)। इन विचारकों की स्थापनाओं के बावजूद अगर हम इतिहास पर नजर डालें तो पाते हैं कि, राज्य का वस्तुगत अस्तित्व भी है और मिथकीय सत्ता भी। राज्य की मिथकीय सत्ता का निर्माण भी, राज्य द्वारा ही समाज पर वर्चस्व स्थापित करने के लिए किया जाता है। राज्य क्या है, जैसे जटिल प्रश्न का कुछ उत्तर हमें फिलिप अब्राम्स के विश्लेषण से मिलता है। फिलिप अब्राम्स (1988) ने अपने आलेख 'राज्य के अध्ययन की कठिनाई' में इस विषय पर मार्क्सवादी लेखकों से लेकर राजनीतिक समाजशास्त्रियों तक के साहित्य का परीक्षण करने के बाद, इस सवाल का उत्तर कुछ इस रूप में दिया है, ''राज्य न तो मनुष्य के कान जैसी कोई चीज है, और न ही विवाह जैसी। वह तो एक विचारधारात्मक परियोजना है, जिसका प्राथमिक और मुख्य कार्य, वैधीकरण के लिए किया जाने वाला अनुष्ठान है।'' अतएव, राज्य को राजनीतिक रूप से आयोजित, आधिपत्य स्थापित करने के अनवरत प्रयास की परियोजना के रूप में समझना चाहिए। चूँकि आधुनिक राज्य की

जड़ें, पूँजीवादी सामाजिक व्यवस्था के महा-आख्यान में हैं, अतः अब्राम्स, की ही तरह कॉरिगन और सेयर (1985) ने, इस बात पर जोर दिया है कि, राज्य-संघटना की प्रक्रिया को स्पष्ट रूप से समझने के लिए इसे सांस्कृतिक क्रांति मानना चाहिए। राज्य-निर्माण की प्रक्रिया को एक सांस्कृतिक क्रांति के रूप में परखने के दृष्टिकोण के साथ, मैं इस पुस्तक में औपनिवेशिक और उत्तर-औपनिवेशिक भारत में, राज्य और समाज के अंतर्संबंधों की गत्यात्मकता का अध्ययन, ग्राम्शीय विश्लेषण-पद्धति, से करने का प्रयास करूँगा।

ग्राम्शी ने स्वयं औपनिवेशिक स्थिति में राज्य की बनावट की जटिलताओं का परीक्षण नहीं किया था। पर सिविल समाज, निष्क्रिय प्रतिरोध, वर्चस्व, शक्ति-संबंधों, देशव्यापी-सार्वजनिक, आंदोलनों के युद्ध और यथास्थिति के युद्ध संबंधी उनकी अवधारणाओं, से एक ऐसी प्रभावी प्रणाली उभरती है जिसके आधार पर परिधीय या औपनिवेशिक पूँजीवाद की स्थितियों में निर्मित आधुनिक राष्ट्र-राज्य के वर्चस्व का विखंडन किया जा सकता है। ग्राम्शी ने इटली में पूँजीवाद के पहले सामाजिक-संरचना में 'बुनियादी रूपांतरण' के बिना होने वाले आधुनिक राष्ट्र-राज्य के निर्माण की परिस्थितियों की व्याख्या के लिए इन अवधारणाओं को आधार बनाया। उनके अनुसार पूँजीवादी सामाजिक संरचना के विकसित हुए बगैर जब पूर्व-आधुनिक समाजों में राष्ट्र-राज्य की स्थापना होती है, तो ऐसे में राष्ट्र-राज्य स्वयं सामाजिक परिवर्तन का नेतृत्व करता है। इसके विपरीत मौलिक पूँजीवादी व्यवस्था में सामंतवादी व्यवस्था के विघटन के बाद होने वाले सामाजिक परिवर्तन के तहत विकसित प्रभुत्वशाली सामाजिक वर्ग, बृहत्तर समाज पर नियंत्रण तथा उसके संचालन के लिए आधुनिक राष्ट्र-राज्य की स्थापना करता है। पूँजीवाद-पूर्व सामाजिक संरचना यानी सामंती व्यवस्था में मौलिक रूपांतरण हुए बगैर, भारत की ही तरह इटली में भी आधुनिक राष्ट्र-राज्य की

स्थापना हुई थी।

इस पुस्तक की विषय-वस्तु, आधुनिक भारत में राज्य-सत्ता और समाज, शक्ति और ज्ञान तथा संस्कृति एवं राजनीति के बहुआयामी अंतर्संबंध हैं। आधुनिक-पूर्व, राजतंत्रवादी (मोनार्कीकल) सत्ता ने, प्राचीन तथा मध्यकालीन युग में, लोगों के सांस्कृतिक-सामाजिक जीवन की स्वायत्तता को काफी हद तक बनाकर रखा था। परंतु प्राचीन तथा मध्यकालीन भारत में भी, कला और संस्कृति का राजकीय संरक्षण, आधुनिक युग की तरह ही, समाज के ऊपर राज्य-सत्ता का नैतिक एवं बौद्धिक वर्चस्व स्थापित करने का साधन था। 'अर्थशास्त्र' के प्रणेता कौटिल्य के राज्य-सत्ता के 'धर्म' एवं 'दंड' के विधानों को, आधुनिक राज्य-सत्ता के वर्चस्व के अवयवों 'सहमति' (कन्सेंट) एवं 'दमन' (कोएर्सन) के प्राचीन रूपकों के रूप में देखा जा सकता है। उल्लेखनीय है कि युद्ध एवं दमन के माध्यम से मौर्य-साम्राज्य की स्थापना सुनिश्चित कर लेने के बाद, सम्राट अशोक ने अपनी जनता के ऊपर नैतिक एवं बौद्धिक वर्चस्व स्थापित करने के लिए बौद्ध-धर्म का व्यापक उपयोग तथा प्रचार-प्रसार किया। भारतीय सम्राटों में अशोक के बाद, महान सम्राट माने जाने वाले अकबर ने भी युद्ध तथा दमन के माध्यम से मुगल साम्राज्य को स्थापित कर चुकने के पश्चात्, शासित समाज के बहु-संख्य हिंदू समुदाय में अपने शासन के प्रति सहमति उत्पन्न करने के उद्‌देश्य से 'दीन-इलाही' नाम के धार्मिक-सांस्कृतिक पंथ की स्थापना की तथा इसे इस्लाम से अलग बताते हुए इस नए पंथ का व्यापक प्रचार-प्रसार किया। राज्य-सत्ता द्वारा, कला तथा संस्कृति पर सत्ता के वर्चस्व स्थापित करने का एक अन्य उदाहरण चोल सम्राटों के दौर से भी दिया जा सकता है। राजेंद्र चोल ने राजधानी तंजौर को, राजनीति तथा संस्कृति का प्रमुख केंद्र बनाने के उद्‌देश्य से छोटे-छोटे मंदिरों से चार सौ के करीब देवदासी परंपरा की नर्तकियों को तंजौर

में लाकर उन्हें राजकीय संरक्षण प्रदान किया। बारह वर्ष से कम उम्र की लड़कियाँ, मृदंग, तलवार एवं कटार के साथ, इन मंदिरों में भगवान को ब्याह दी जाती थीं तथा उन्हें रहने, खाने-पीने इत्यादि की राजकीय सुविधाएँ प्रदान की जाती थीं। ये देवदासी नर्तकियाँ लोगों के बीच, अपने प्रदर्शनों से राजा की दैवी शक्ति एवं सामर्थ्य का रोब एवं उसके प्रति श्रद्धा-युक्त भय पैदा करती थीं। राज्य-सत्ता के संरक्षण से ये मंदिर जनता के जन-जीवन के सामाजिक-सांस्कृतिक केंद्र बन गए। यही शासित समाज के मन में राज-भक्ति उत्पन्न करने के प्रभावशाली माध्यम थे।

प्राचीन एवं मध्य-युगीन ऐतिहासिक, सामाजिक-सांस्कृतिक परिस्थितियों की तुलना में, आधुनिक 'वर्ग-विभाजित समाज' में प्रभुत्वशाली (डामीनेंट) वर्ग द्वारा प्रभुत्वहीन (डामीनेटेड) वर्ग के ऊपर नैतिक-बौद्धिक वर्चस्व स्थापित करने के लिए, कला तथा संस्कृति के साथ राज्य-सत्ता का संबंध नए-नए स्वरूप अख्तियार करता है। आधुनिक राष्ट्र-राज्य-सत्ता तथा संस्कृति का अंतर्संबंध बहु-आयामी हो जाता है तथा मूर्त एवं अमूर्त दोनों स्तरों पर लगातार चलता रहता है। आधुनिक राष्ट्र-राज्य-सत्ता केवल ठोस तथा प्रत्यक्ष माध्यमों, जैसे पुलिस तथा सेना द्वारा ही संचालित नहीं होती, वरन् अमूर्त रूप में नागर-समाज (सिविल-सोसाइटी), मीडिया, स्वायत्त संस्थाओं, मनोनयन, निमंत्रणों, समितियों, बैठकों, प्रायोजित कार्यक्रमों, उत्सवों, स्वीकृतियों तथा अस्वीकृतियों, फेलोशिप तथा पुरस्कार, मान्यताओं एवं दंड के अनेकानेक माध्यमों से भी प्रभावशाली रूप में संचालित होती है। संस्कृति को राज्य-संरक्षण तथा संस्कृति राजनीति के बहु-आयामी अंतर्संबंधों को शासक वर्ग द्वारा शासित वर्ग के ऊपर, नैतिक-बौद्धिक वर्चस्व (हेजेमनी) स्थापित करने के उपक्रम के रूप में देखा जाना चाहिए। आधुनिक युग से पहले विभिन्न अवसरों पर धार्मिक-सांस्कृतिक कर्मकांडों के माध्यम से राजाओं द्वारा अपने

वर्चस्व की स्थापना के लिए चक्रवर्ती राजा, राजाधिराज, सम्राट, शहंशाह, जहाँपनाह, सुल्तान, कैसर-ए-हिंद जैसी उपाधियों के लिए किए जाने वाले तमाम अनुष्ठानों को इसी रूप में देखा जा सकता है। आधुनिक युग में दिन-प्रतिदिन होने वाले चुनाव, राजकीय समारोह, राष्ट्रीय दिवस उत्सव, पुरस्कार आयोजन, मीडिया-विमर्श इत्यादि भी शासित समाज के ऊपर शासक वर्ग या सिविल-सोसाइटी का वर्चस्व स्थापित करने के सतत प्रयास हैं। इस तरह संस्कृति तथा राजनीति के द्वंद्वात्मक अंतर्संबंधों की धुरी पर प्रभुत्व-प्रतिरोध की उठापटक हर क्षण चलती रहती है।

राज्य-सत्ता के वर्चस्व के लिए इस्तेमाल के साथ ही साथ, संस्कृति का राजनीति के साथ रिश्ता द्वंद्वात्मक भी है। राजनीति अगर मूलतः प्रभुत्व का प्रतीक है, तो संस्कृति प्रतिरोध का। फूको ने ठीक ही कहा है कि 'जहाँ भी सत्ता है, वहाँ उसका प्रतिरोध भी है'। जहाँ एक तरफ राज्य-सत्ता के नेतृत्व में शासक वर्ग कलाओं तथा संस्कृति का प्रयोग, अपने शासन के वैधीकरण (लेजिटीमेशन) के लिए करता है, वहीं सदियों से शासित-वर्ग, देशज सांस्कृतिक प्रतीकों तथा बिंबों का प्रयोग, शासक वर्ग के विचारों तथा शासन के प्रतिरोध में करता आया है। पूरे विश्व के स्वतंत्रता-आंदोलनों में आंदोलनकारी, देशी संस्कृति तथा पारंपरिक प्रतीकों का भरपूर प्रयोग करते आए हैं। भारत में लगभग दो सौ वर्षों के औपनिवेशिक शासन ने देशी कला तथा संस्कृति को संरक्षण देने की सदियों पुरानी परंपरा से मुँह मोड़ लिया। इसीलिए उन्नीस सौ सैंतालीस में स्वतंत्रता पाते ही उत्तर-औपनिवेशिक राष्ट्र-राज्य, ने कला तथा संस्कृति के विभिन्न क्षेत्रों में राजकीय संरक्षण द्वारा विभिन्न राष्ट्रीय 'स्वायत्त' संस्थाओं की स्थापना की। उदाहरणार्थ साहित्य अकादेमी, ललित कला अकादेमी, संगीत नाटक अकादेमी, राष्ट्रीय नाट्य विद्यालय, दूरदर्शन, आकाशवाणी, फिल्म महोत्सव निदेशालय, अनेक केंद्रीय

एवं राज्य विश्वविद्यालय, संग्रहालय, पुस्तकालय तथा सांस्कृतिक केंद्र इत्यादि। इसी के साथ सरकार ने कला तथा संस्कृति के विभिन्न क्षेत्रों में वित्तीय सहयोग के लिए अनेक फेलोशिप तथा पुरस्कारों की स्थापना की। औपनिवेशिक दौर में राजनीतिक संरक्षण से वंचित सांस्कृतिक समुदाय ने, आजादी के पश्चात इन 'स्वायत्त' संस्थाओं में भागीदारी द्वारा उत्तर-औपनिवेशिक राज्य-सत्ता के वर्चस्व को असीम वैधता प्रदान की।

राष्ट्र-राज्य के संरक्षण से संचालित, उपरोक्त 'राष्ट्रीय' संस्थाओं द्वारा प्रचारित-प्रसारित कला तथा संस्कृति ही, संस्कृति की मुख्य धारा (हाई कल्चर या ग्रेट ट्रेडिशन) बन गई। सदियों से चली आ रही लोक-देशज गीत, संगीत, नृत्य, साहित्य, चित्रकला की हमारी सामूहिक संस्कृति की परंपरा, जो आम आदमी के जीवन के दुख-सुख और हर्षोल्लास की अभिव्यक्ति थी, वह संस्कृति की इस मुख्य धारा से न केवल अलग-थलग पड़ गई बल्कि उसे निम्नस्तरीय संस्कृति (लो कल्चर या लिटिल ट्रेडिशन) का दर्जा दे दिया गया। परिणामस्वरूप आजादी के बाद कलाओं तथा संस्कृति के प्रति राज्य-संरक्षण, कलाओं के लिए कालांतर में अनुत्पादक (काउंटर-प्रोडक्टिव) साबित हुआ। इसलिए आजाद भारत में तेजी से पनपे शहरी बुर्जुआ, ग्रामीण बुर्जुआ तथा प्रोफेशनल मध्यवर्ग के नेतृत्व वाले 'प्रभुत्वशाली वर्ग' या 'शासक वर्ग' के वर्चस्व के प्रतिरोध में आजादी के बाद कोई उल्लेखनीय सांस्कृतिक तथा बौद्धिक आंदोलन प्रबल रूप में नहीं उभर पाया। प्रतिरोध की ऊर्जा ज्यादातर रत्यात्मक (इरोटिक) प्रदर्शनों में क्षय होती रही। उदाहरणार्थ विजय तेंदुलकर का नाटक 'घासीराम कोतवाल', चंद्रशेखर कंबार का नाटक 'अक्सतमाशा' तथा गिरीश कर्नाड का 'अग्नि और बरखा' एवं तमाम आभिजात्य नृत्य-प्रदर्शन। इस परिप्रेक्ष्य में परखने पर हम पाते हैं कि नाटक घासीराम में नगर पूना की जनता, पेशवा के प्रमुख नाना फड़नवीस की अय्याशियों

से अगर निजात पाती भी है, तो कन्नौज से आयातित घासीराम के कुशासन में, जो खुद पेशवा के प्रमुख द्वारा घसिया की पुत्री के भोग तथा हत्या के एवज में उसको हासिल होता है। विरोध करने पर घासीराम को पुनः घसिया बनाकर सरे बाजार कुचल दिया जाता है। दर्शक, आजाद भारत के शायद इस सबसे विख्यात नाट्य-प्रदर्शन को देखने के पश्चात्, राज-सत्ता के अत्याचारी और पतनशील मूल्यों के प्रति प्रतिरोध की ऊर्जा पाने के बजाए सत्ता की प्रतिमूर्ति नाना फड़नवीस की विलासिता की कलाबाजियों का कायल होकर निकलता है। इस तरह के प्रदर्शन कालांतर में राज्य-सत्ता के वर्चस्व को 'नेचुरलाइज' करते हैं। फ्रांसीसी दार्शनिक फूको, ने कला तथा साहित्य में उन्नीसवीं और बीसवीं शताब्दी में विकसित इस लैंगिक (सेक्सुअल) विमर्श को, आधुनिक सत्ता की शक्ति की तकनीकों द्वारा, प्रतिरोध के आंदोलनों को भोथरा करने का उपक्रम बताया है।

❑ आधुनिक राष्ट्र-राज्य के वर्चस्व का विखंडन

औद्योगिक क्रांति तथा सन् 1789 की फ्रांसीसी क्रांति से आरंभ हुए आधुनिक युग में पश्चिम के देशों में सामाजिक, राजनीतिक, आर्थिक एवं सांस्कृतिक संरचनाओं में बुनियादी रूपांतरण हुआ। इसके मुख्य माध्यम बने–राष्ट्र-राज्य, औद्योगीकरण, शहरीकरण, बाजार, लोकतंत्र, और कानून का शासन–इन सबको आधुनिकता के विभिन्न अवयवों के रूप में देखा जा सकता है। फ्रांसीसी क्रांति के तीन प्रमुख आयामों स्वतंत्रता, समानता और भाईचारा को ही मूलतः आधुनिकता का वैचारिक आधार माना जा सकता है। विज्ञान की खोजों के साथ औद्योगीकरण के दबाव से अठारहवीं तथा उन्नीसवीं शताब्दी में कच्चे माल के स्रोत और उत्पादों की बिक्री के लिए पश्चिमी देशों

द्वारा, एशिया, अफ्रीका, लैटिन अमेरिका के देशों का औपनिवेशीकरण शुरू किया गया। इसी 'औपनिवेशिक मुठभेड़' (कोलोनियल एन्काउंटर) में पूर्व-उपनिवेशों में आधुनिकता के उपकरणों—राष्ट्र-राज्य, बाजार, लोकतंत्र, कानून-व्यवस्था, औद्योगीकरण का समावेश हुआ। उन्नीसवीं शताब्दी के अंत तक, खुद पश्चिम में पहले फ्रांस, फिर इंग्लैंड तथा बाद में अन्य देशों में इन संस्थाओं का पूर्ण विकास हुआ। इतिहास की दृष्टि से आधुनिक 'राष्ट्र-राज्य' का जो स्वरूप है, वह आधुनिक समाजों के सामाजिक-राजनीतिक प्रबंध के औजार के रूप में औद्योगिक पूँजीवाद की रचना है। मैक्स वेबर के अनुसार यह 'राष्ट्र-राज्य' था, जिसने पूँजीवाद को विकास के अवसर प्रदान किए। कार्ल मार्क्स के अनुसार बुर्जुआ समाज को बाहरी देशों के साथ संबंधों के लिए अपने को राष्ट्रीयता के आधार पर स्थापित करना पड़ा तथा देश के भीतरी बृहत्तर समाज पर शासन के लिए 'राज्य' के रूप में संगठित करना पड़ा। ऐतिहासिक दृष्टि से, उत्तर-सामंती समाजों की सामाजिक-राजनीतिक व्यवस्था के साधन के रूप में, राष्ट्र-राज्य का जन्म, पूँजीवाद के उदय और उसके विश्वव्यापी प्रचार-प्रसार का अभिन्न अंग रहा है। आधुनिक राष्ट्र-राज्य का उदय, और राष्ट्रवाद और शक्ति की आधुनिक शासन व्यवस्था की राजनीतिक-नैयायिक तकनीकों का विकास, पश्चिमी यूरोप में साथ-साथ हुआ और इनकी शुरुआत 'ज्ञानोदय-युग' के महाआख्यान से होती है।

दूसरे अध्याय में इसकी चर्चा की जाएगी कि यह कितनी बड़ी विडंबना थी कि इंग्लैंड के औद्योगीकरण के कारण, भारत में औद्योगीकरण का ह्रास हुआ और भारत में औपनिवेशिक राष्ट्र-राज्य का निर्माण, इंग्लैंड में उभरती साम्राज्यीय बुर्जुआजी के, उपक्रम के रूप में हुआ, न कि देशी बुर्जुआजी के लिए। इस पुस्तक का लक्ष्य है, पूँजीवाद के उदय और ज्ञानोदय-युग की परिस्थितियों में उपजे आधुनिक राष्ट्र-राज्य के निर्माण को आधार बनाकर, भारत में 'कंपनी

राज' से 'स्वराज' तक की अवधि के राज्य के वर्चस्व का विखंडन करना। सन् 1600 में भारत व्यवसाय के लिए आई ईस्ट इंडिया कंपनी ने 1707 में औरंगजेब की मृत्यु के पश्चात् भारत में हुई अफरा-तफरी का पूरा फायदा उठाया और 1757 में प्लासी युद्ध तथा 1764 में दीवानी के अधिकारों की प्राप्ति के साथ, भारत के आर्थिक शोषण का भयंकर दौर शुरू किया। परिणामस्वरूप वारेन हेस्टिंग्स के राज्य में 1770 में बंगाल में अकाल से लाखों की मृत्यु हुई। रजनी पामदत्त, हाम्जा अल्वी जैसे लेखकों ने प्रामाणिक रूप से बताया है कि कैसे औद्योगिकीकरण के युग से पहले भारतीय अर्थव्यवस्था, यूरोप के समकक्ष या बेहतर थी। औपनिवेशीकरण के दौर में उधर इंग्लैंड में औद्योगिकीकरण का युग शुरू हुआ, तो इधर भारत में घरेलू उद्योगों का विनाश हुआ। जब इंग्लैंड के औद्योगिक शहर मैनचेस्टर में 1780 में एक भी कॉटन मिल नहीं थी उस वक्त ढाका (अब बंगलादेश की राजधानी) में सैकड़ों मिलें थीं। 1820 तक आते-आते मैनचेस्टर में मिलें और जनसंख्या बढ़ी और ढाका में मिलें समाप्त हुईं, जनसंख्या कम हुई। इस तरह, अठारहवीं शताब्दी के मध्य में जब भारत का औपनिवेशीकरण ठोस रूप अख्तियार कर रहा था, उस वक्त इंग्लैंड में पूँजीवाद, व्यापार युग के दौर से निकलकर औद्योगिक पूँजीवाद के दौर में प्रवेश कर रहा था तथा वहाँ राज्य-निर्माण, आधुनिक 'राष्ट्र-राज्य' के रूप में परिणत हो रहा था। 1757 से 1857 की अवधि में भारत में अंग्रेजी शासन, पूरे देश में सैनिक आधिपत्य और आर्थिक शोषण के आधार पर साम्राज्य स्थापित करने में लगा था और इसी कारण मुगल बादशाह को 1857 तक 'दिल्ली के सम्राट' के प्रतीक के रूप में रखा गया। लेकिन 1857 की क्रांति ने, 1757 के प्लासी के युद्ध से भारत में शुरू हुए अंग्रेजी राज्य के चरित्र को पूरी तरह बदल डाला। दिल्ली के प्रतीक-सम्राट बहादुरशाह जफर को दी जाने वाली सजा के बाद 1858 में, भारत

का शासन सीधे इंग्लैंड के औपनिवेशिक शासन (कोलोनियल स्टेट) के हाथों में चला गया। गवर्नर जनरल, भारत के वाइसराय बन गए और महारानी विक्टोरिया भारत की सम्राज्ञी अर्थात् ईस्ट इंडिया कंपनी का शासन समाप्त हो गया।

1857 की क्रांति ने यह प्रमाणित कर दिया कि, भारतीय समाज, अंग्रेजी सत्ता को अंदर ही अंदर चुनौती देने की तैयारी कर रहा था और यह भारतीय समाज, अंग्रेजों द्वारा कुप्रचारित 'असभ्य', 'पिंडारियो' या 'राक्षसों' का समाज नहीं था। आधुनिक युग के प्रारंभ से ही, औपनिवेशीकरण की प्रक्रिया के तहत, पश्चिम ने, पूर्वी उपनिवेशों को 'अपने साम्राज्यवादी नजरिए' से देखा। जैसे इन भूखंडों में, हजारों-हजार साल से पनपी-विकसित सभ्यताएँ-संस्कृतियाँ मानव सभ्यता का अंग नहीं बल्कि कोई 'अजूबा' रही हों। मुट्ठी भर पश्चिमी लोगों ने उन्नीसवीं-बीसवीं शताब्दी में करीब-करीब पूरे अफ्रीका, एशिया तथा लातीन अमेरिका के देशों पर आधिपत्य स्थापित कर लिया था। दरअसल इस 'साम्राज्यवादी नजरिए' का संबंध, उस पुरातन ग्रीक सोच से है, जिसमें पश्चिम के अतिरिक्त, दुनिया के अन्य भूभागों में रहने वाले लोगों को असभ्य, जंगली माना जाता था। हम 'हम' हैं, वे 'वे' हैं। यानी हम गोरे हैं, वे काले हैं; हम विकसित हैं, वे अविकसित हैं; हम सभ्य हैं, वे असभ्य हैं इत्यादि। इस तरह साम्राज्यवाद को जायज ठहराने के लिए, पश्चिम को, अपने विपरीत 'अन्य' की निर्मिति करनी पड़ी। इसी को एडवर्ड सईद ने 'पूरबिया विमर्श अथवा पूरबवाद' (ओरिएंटलिज्म) कहा है, जिसके तहत पश्चिम ने पूर्व को, न केवल सैन्य तथा राजनीतिक रूप से परिभाषित-शासित किया, वरन् भौगोलिक, सामाजिक तथा सांस्कृतिक रूप से भी पूर्व के लोगों को उनकी वास्तविक अस्मिता के स्थान पर अलग 'पुरबिया' पहचान दी। यहीं से पूरब के लोगों के बारे में, 'रूढ़िगत अन्य' (स्टीरियो-टाइप्स) का आख्यान अलापा

जाने लगा। जो आज भूमंडलीकरण के युग में भी बदस्तूर जारी है। इस तरह अगर हम उपनिवेशवाद और भूमंडलीकरण को आधुनिक युग के पूर्वार्ध और उत्तरार्ध के रूप में देखें, तो तमाम ऐतिहासिक बिंदु स्पष्ट हो जाते हैं।

परंतु यहाँ मानना पड़ेगा कि, 1857 की क्रांति के विफल होने का प्रमुख कारण एक 'आधुनिक' कोलोनियल स्टेट या औपनिवेशिक साम्राज्य से, सामंती युग में जी रहे भारतीय समाज की टकराहट थी। कोलोनियल स्टेट ने भारतीय समाज, संस्कृति और अर्थव्यवस्था का आधुनिकीकरण सिर्फ अपने राज्य के हितों में किया, जिसके परिणाम हम आज भी भुगत रहे हैं। भारतीय समाज का मौलिक रूपांतरण न होकर 'कर्मोपयोगी' (फंक्शनल) रूपांतरण, अंग्रेजी हित में था। हमारे वर्तमान समाज की यही सबसे बड़ी त्रासदी है कि, मध्य युग के पश्चात् अठारहवीं शताब्दी में (जो पूरे विश्व में औद्योगिक और आधुनिक क्रांति का युग था) हमारा प्रवेश स्वतंत्र समाज और राज्य के रूप में नहीं, वरन् कोलोनियल स्टेट की अधीनस्थ शाखा के रूप में हुआ। भारतीय सत्ता, समाज और संस्कृति का आधुनिक युग में प्रवेश, कोलोनियल स्टेट के अधीन होना, हमारी समकालीन सोच, संस्कृति और सभ्यता में व्याप्त विडंबनाओं और विरोधाभासों का मूल कारण है।

उपर्युक्त परिप्रेक्ष्य में औपनिवेशिक राज्य (कोलोनियल स्टेट) के गठन ने, भारत में राज्य और समाज के बीच संबंधों में बुनियादी परिवर्तनों की शुरुआत की। पूर्व-औपनिवेशिक राजतंत्रवादी राज्य, जनता के सामाजिक-सांस्कृतिक जीवन में स्वायत्तता के सिद्धांत का पालन करते थे। लेकिन औपनिवेशिक राज्य ने सदियों पुरानी इस देशी सामाजिक-संरचना की 'स्वायत्तता' के क्षेत्र में भी हस्तक्षेप किया। अपने शासन को वैधता प्रदान करने के प्रयास में औपनिवेशिक राज्य ने, देशी समाज के प्रशासनिक, शैक्षिक, चिकित्सा संबंधी, और

नैयायिक मामलों में हस्तक्षेप करके, भारतीय समाज के दिन-प्रतिदिन के जीवन की स्वायत्तता में घुसपैठ की। एशियाटिक सोसाइटी (1784), आर्कियोलाजिकल सर्वे ऑफ इंडिया (1861) जैसी संस्थाओं की स्थापना एवं ईस्ट इंडिया कंपनी की सेवा में कार्यरत जे. एस. मिल्स की पुस्तक ब्रिटिश भारत का 'प्रथम इतिहास' का इस दौर में प्रकाशन तथा मैकाले की शिक्षा नीतियाँ इत्यादि, शासित समाज पर प्रभुत्व स्थापित करने के इस पूरबिया विमर्श (ओरिएंटलिस्ट डिसकोर्स) के हिस्से थे। देशी सामाजिक-संरचना की सदियों पुरानी कार्य-प्रणाली में औपनिवेशिक-राज्य के इस हस्तक्षेप ने राष्ट्रवादी प्रतिरोध को जन्म दिया। 1885 में भारतीय राष्ट्रीय कांग्रेस की स्थापना से राष्ट्रीय मुक्ति आंदोलन को एक ठोस मंच मिला। बर्खोव (मंक, 1986 में उद्धृत) ने उपनिवेशवाद के प्रतिरोध में राष्ट्रवाद की उत्पत्ति के कारणों को समझने के लिए 'उत्पादन की स्थितियों' की अवधारणा दी है, जिसके अनुसार उत्पादन की स्थितियाँ किसी देश के उत्पादन की भौगोलिक, ऐतिहासिक, आर्थिक और मानव-शास्त्रीय समस्त स्थितियों का कुल योग होती हैं। इन 'उत्पादन की स्थितियों' पर औपनिवेशिक आधिपत्य स्थापित होने से देशी समाज में राष्ट्रीय मुक्ति के आंदोलनों का बीजारोपण होता है। मंक (1986, 43) के अनुसार, ''राष्ट्रवाद या राष्ट्रीय चेतना का उद्‌भव, 'उत्पादन की स्थितियों में' बाहरी हस्तक्षेप से उसी तरह होता है, जैसे उत्पादन के संबंध, सामाजिक वर्गों की संरचना का निर्माण करते हैं।''

इस तरह औपनिवेशिक परिदृश्य में, भारत में राष्ट्रवाद या राष्ट्रीय चेतना का उदय, विदेशी शासकों द्वारा अपहृत 'उत्पादन की स्थितियों' की वापसी के लिए औपनिवेशिक शासन के साथ देशी समाज की टकराहट के रूप में हुआ। इसलिए भारत में स्वतंत्र राष्ट्र-राज्य के निर्माण का इतिहास, साम्राज्यवाद के साथ राष्ट्रवादी मुठभेड़ का इतिहास है। तीसरे अध्याय में, औपनिवेशिक राज्य के

वर्चस्व की परियोजना और राष्ट्रवादी आंदोलन की इस वर्चस्व-विरोधी परियोजना के द्वंद्व के विभिन्न पक्षों पर विचार किया जाएगा। औपनिवेशिक मुठभेड़, इस तरह उत्पादन के नए तरीकों की मुठभेड़ थी, यानी उत्पादन के पूँजीवाद-पूर्व तरीकों से औद्योगिक पूँजीवाद की। यह वर्चस्व के नए तरीकों की भी टकराहट थी, यानी पारंपरिक-करिश्माधर्मी परंपरा के साथ तार्किक-विधिसम्मत प्रणाली की। नई विश्व-दृष्टि की टकराहट भी, यानी देशी सांस्कृतिक-धार्मिक विश्व-दृष्टि के साथ आधुनिकता का संघर्ष। जिस भारतीय राष्ट्रीय कांग्रेस ने, राष्ट्रवादी आंदोलन का नेतृत्व किया, उसी ने 1947 में स्वतंत्रता के बाद उत्तर-औपनिवेशिक राष्ट्र-राज्य की स्थापना की। ग्राम्शी (1971, 226-7) के अनुसार, "राज्य का निर्माण राजनीतिक दल के भ्रूण से होता है... दल सामाजिक वर्गों से उत्पन्न होते हैं और समाज पर अपना वर्चस्व स्थापित करने के पश्चात् यही दल राज्य और सरकारी तंत्र बन जाते हैं तथा इस तरह सिविल एवं राजनीतिक समाज का नेतृत्व करते हैं।" स्वतंत्र राज्य पर कब्जा करने से पहले ही, भारतीय राष्ट्रीय कांग्रेस का समाज के प्रभुत्वशाली वर्गों पर तो वर्चस्व था ही, वह अपने को हाशिए के वर्गों का नेतृत्व करने वाली पार्टी के रूप में भी पेश कर रही थी। चौथे अध्याय में, उत्तर-औपनिवेशिक राज्य के वर्चस्व की परियोजना से संबद्ध समस्या का अध्ययन, पूँजी और समुदाय के बीच द्वंद्वात्मक संबंधों के रूप में किया जाएगा। अंतिम अध्याय में भूमंडलीय युग में भारतीय समाज, अर्थव्यवस्था, संस्कृति तथा राज्य की वर्तमान स्थिति पर विचार-विमर्श किया जाएगा।

इस पुस्तक का लक्ष्य, राज्य की वर्चस्वधर्मी प्रक्रियाओं, परियोजनाओं और उपकरणों के समग्र परिदृश्य का अन्वेषण करना है। यह छानबीन विशेष रूप से राज्य के 'प्रशासकीय' और 'आर्थिक' प्रकार्यों के बीच विभाजन के समसामयिक संदर्भ में की जाएगी।

यह विभाजन जो वर्तमान नव-उदारवादियों की इस घोषणा से घटित हुआ है कि विश्व बाजार की 'सम्मोहक' और 'अपराजेय' शक्तियों के आक्रमण के तहत 'राज्य' का क्षय होता गया है। यहाँ पर अंतोनियों ग्राम्शी को पुनः स्मरण करना अत्यंत सुसंगत होगा, जिन्होंने राष्ट्र-राज्य के आर्थिक तथा कार्यकारी क्रियाओं के छद्म विभाजन को समाप्त किया : "यह कहा जाता है कि आर्थिक गतिविधि सिविल-सोसाइटी की है तथा राज्य को इसे व्यवस्थित करने के लिए दखल नहीं देना चाहिए। मगर सत्य यह है कि सिविल सोसाइटी एवं राज्य में कोई अंतर नहीं। अतः यह स्पष्ट किया जाना चाहिए कि निर्बंध-बाजार व्यवस्था भी राज्य-नियंत्रण का ही रूप है, जो कानून एवं दमनकारी बल-प्रयोग के पैमानों द्वारा आर्थिक गतिविधियों को संचालित करती है" (ग्राम्शी, 1971, 160)।

उल्लेखनीय है कि वर्चस्व के बारे में ग्राम्शी की अवधारणाओं को राज्य की शक्ति की प्रकृति और औपनिवेशिक राज्य और मूल निवासियों के अंतर्संबंधों का अध्ययन करने के लिए हाल में ही लागू किया जाने लगा है। सुदीप्त कविराज (1994, 24) के अनुसार, "यह कहना जरूरी है कि औपनिवेशिक राज्य के इतिहास का लेखन अभी शुरू ही नहीं हुआ है।" कविराज वर्चस्व की अवधारणा का, राज्य के प्रश्न से अविभाज्य संबंध मानते हैं, उन्होंने कहा है कि "ये दोनों सामान्य या अमूर्त दोनों रूपों में समान स्तर पर क्रियाशील रहते हैं, और दोनों ही अवधारणाएँ आपस में संबद्ध हैं। इनसे किन्हीं ऐसी सत्ताओं का बोध नहीं होता जिनकी सीमाएँ स्पष्ट हों, वरन् ऐसी स्थितियों का आभास होता है, जो धुँधली हों। उनके पद विशेष के एक अंश में पूरी औपनिवेशिक दुनिया को प्रतिबिंबित देखा जा सकता है" (कविराज, 1994, 25)। इस पुस्तक में राज्य के वर्चस्व के विखंडन का आशय है, प्रभुत्व और प्रतिरोध की द्वंद्वात्मकता की छानबीन करना। राज्य और समाज के बहुस्तरीय संबंधों के ब्योरे

और प्रभुत्वशाली और अधीनस्थ समूहों और सामाजिक समुदायों की सामाजिक-सांस्कृतिक पारस्परिकता की जटिल गत्यात्मकता का लेखा-जोखा करना। मैं यहाँ स्पष्ट करना चाहता हूँ कि मैं 'वर्चस्व की तलाश' नहीं कर रहा हूँ, बल्कि मैं 'वर्चस्व के आर-पार' (विखंडन) देखना चाहता हूँ। यानी पराधीन और स्वाधीन भारत की सामाजिक जटिलताओं को समझने के लिए उसका उपयोग एक प्रिज्मी लेंस की तरह करना चाहता हूँ।

अध्याय दो

कंपनी-राज : भारत का औपनिवेशीकरण और बुर्जुआ-पूँजीवादी व्यवस्था का सार्वीकरण

"हिंदुस्तान के अतीत में एक के बाद एक घटित होने वाले तमाम गृहयुद्ध, क्रांतियाँ, आक्रमण, विजय-अभियान, अकाल, आश्चर्यजनक रूप से जटिल हैं। लेकिन उनकी गति चाहे जितनी तीव्र और ध्वंसात्मक रही हो, पर वास्तव में उनका असर भारतीय समाज पर गहराई में नहीं सतही रूप में ही पड़ा। लेकिन इंग्लैंड ने, भारतीय समाज के पूरे ढाँचे को तबाह कर दिया है और उसके पुनर्निर्माण के कोई आसार अभी तक नजर नहीं आ रहे हैं। नई दुनिया की प्राप्ति के बिना, अपनी पुरानी दुनिया के उजड़ जाने के कारण 'हिंदुस्तानियों' की वर्तमान दुर्दशा विशेष अर्थ में पीड़ादायक हो गई है। यह ब्रिटेन-शासित हिंदुस्तान के, अपनी तमाम प्राचीन परंपराओं और बीते हुए अतीत से अलग-थलग हो जाने का विषादमय एहसास है।"

कार्ल मार्क्स, 'द ब्रिटिश रूल इन इंडिया', न्यू यॉर्क डेली ट्रिब्यून, जून 25, 1853,

(रजनी पामदत्त द्वारा 'इंडिया टुडे' (1940) में उद्धृत।) भारत, प्राचीन और मध्ययुगीन दौर में उपमहाद्वीपीय साम्राज्यों का देश रहा है। इनमें ई. पू. तीसरी शताब्दी में अशोक और सोलहवीं शताब्दी में अकबर के वर्चस्वशाली साम्राज्य शामिल हैं। अशोक ने क्षेत्रीय विस्तार द्वारा विजय हासिल करने की परंपरागत नीति के बदले 'धर्म' की नीति अपनाई। ऐसा प्रतीत होता है कि अशोक का विश्वास था कि प्रबुद्ध सरकार का उदाहरण प्रस्तुत करने से उन्हें पूरे सभ्य विश्व का नैतिक नेतृत्व हासिल हो जाएगा। उन्होंने किसी भी सूरत में अपनी साम्राज्यवादी महत्वाकांक्षाओं का परित्याग नहीं किया, लेकिन उन्हें बौद्ध धर्म के मानवीय मूल्यों के अनुरूप ढाल लिया। भारतीय सम्राटों में अशोक के बाद, महान सम्राट माने जाने वाले अकबर ने भी युद्ध तथा दमन के माध्यम से मुगल साम्राज्य को स्थापित कर चुकने के पश्चात्, शासित समाज के बहु-संख्य हिंदू समुदाय में अपने शासन के प्रति सहमति उत्पन्न करने के उद्देश्य से 'दीन-इलाही' नाम के धार्मिक-सांस्कृतिक पंथ की स्थापना की तथा इस्लाम से अलग बताते हुए इस नए पंथ का व्यापक प्रचार-प्रसार किया। यह विडंबना है कि यही भारत, आधुनिक युग में, अपने राज्य और समाज के स्वतंत्र और देशज रूपांतरण का साक्षी नहीं बन सका। औद्योगिक क्रांति की पूर्व संध्या में भारत का औपनिवेशीकरण तथा औपनिवेशिक शासन की विदेशी परिस्थितियों में भारत में आधुनिकता का समावेश, एक बहुत बड़ी ऐतिहासिक त्रासदी है। आज उत्तर-औपनिवेशिक स्थिति में इस परिघटना के निहितार्थ भारत की संस्कृति, अर्थ-व्यवस्था, राजनीति और समाज के विविध पहलुओं में, असंख्य विरोधाभासों और अंतर्विरोधों के रूप में अनुगूँजें पैदा कर रहे हैं, जिसकी चर्चा हम आगामी पृष्ठों में करेंगे। औपनिवेशीकरण ने भारत के पूँजीवाद-पूर्व अतीत और स्वतंत्र तथा देशज आधुनिक भविष्य के बीच एक लंबी दरार पैदा कर दी।

भारत में आधुनिक राष्ट्र-राज्य की रचना देशी समाज की राजनीति और संस्कृति की आंतरिक द्वंद्वात्मकता के परिणामस्वरूप नहीं हुई। इस अध्याय में भारत में राज्य-निर्माण के उन विभिन्न पक्षों पर विचार किया जाएगा जो औपनिवेशिक आधिपत्य की विशिष्ट परिस्थितियों में, इंग्लैंड की साम्राज्यीय बुर्जुआजी के क्रियाकलाप के परिणामस्वरूप सामने आए। अठारहवीं सदी का मध्य, इंग्लैंड में औद्योगिक क्रांति के उदय की दृष्टि से निर्णायक दौर था। इंग्लैंड में आधुनिक राष्ट्र-राज्य का निर्माण शुरू हो चुका था। यह समय उदीयमान औद्योगिक बुर्जुआजी के एक ऐसी ठोस 'शक्ति' के रूप में उभरने का दौर था, जो उसके समुद्र पार तक विस्तृत साम्राज्य की देखरेख करने में समर्थ हो। भारत का औपनिवेशीकरण इसी दौर में समानांतर चल रहा था। रजनी पामदत्त और हाम्जा अल्वी ने कहा है, कि ब्रिटिश-पूर्व भारतीय अर्थव्यवस्था जो यूरोपीय अर्थव्यवस्था के समान विकसित थी, औपनिवेशिक आधिपत्य के बाद, इंग्लैंड की साम्राज्यीय अर्थव्यवस्था का अंग मात्र हो कर रह गई। इसके अलावा, जब औपनिवेशिक शोषण तीव्रता और सघनता से होने लगा तो ब्रिटिश औपनिवेशिक राज्य ने भारतीय समाज के नियंत्रण की सीधी कमान अपने हाथ में ले ली। "अठारहवीं शताब्दी के अंतिम पच्चीस वर्षों के दौरान भारत में कंपनी के व्यापार को नियंत्रित करने के लिए ब्रिटिश राज्य की केंद्रीय शक्तियों का आह्वान करना पड़ा" रजनी पामदत्त (1940)। इस औपनिवेशिक मुठभेड़ के परिणामस्वरूप, पूर्व-औपनिवेशिक (ब्रिटिश-पूर्व) देशी समाज की राजनीतिक-आर्थिक और सामाजिक-सांस्कृतिक बुनियाद विघटित होने लगी। इस परिप्रेक्ष्य में उपनिवेश में आधुनिक राज्य-निर्माण और उसकी वर्चस्वधर्मी परियोजना की जो विशिष्ट समस्या उपुर्यक्त संदर्भ में पैदा हुई, अब हम उस पर विचार करेंगे।

❑ भारत का औपनिवेशीकरण : इंग्लैंड के औद्योगीकरण और भारत के निरौद्योगीकरण (डीइंडस्ट्रियलाइजेशन) की द्वंद्वात्मकता

रजनी पामदत्त का कहना है कि, पूर्व-औपनिवेशिक भारत के व्यापार और उत्पादन, विश्व के किसी भी हिस्से में होने वाली प्रगति की बराबरी कर सकते थे। ग्रामीण समाज से जो भूमि-कर उगाहा जाता था, उससे पूर्व-औपनिवेशिक समृद्ध नागर समाज की आर्थिक व्यवस्था संचालित होती थी। इस नागर समाज में दुकानदार, व्यापारी, कारीगर और क्लर्क शामिल थे। सत्रहवीं और अठारहवीं शताब्दियों में यूरोप, सोने-चाँदी से भुगतान करके भारतीय सूत और रेशम आयात करता था, क्योंकि वहाँ किसी ऐसी चीज का उत्पादन नहीं होता था, जिसे भारत अपनी जरूरतों की दृष्टि से खरीद सके। फ्रांसीसियों, पुर्तगालियों और अंग्रेजी व्यापारी कंपनियों के बीच, भारत से व्यापार करने के लिए छीनाझपटी मची रहती थी। 1600 में स्थापित ईस्ट इंडिया कंपनी ने, इसी संदर्भ में भारत के साथ व्यापार का रिश्ता कायम किया था। 1707 में मुगल बादशाह औरंगजेब की मृत्यु के बाद भारत आंतरिक युद्धों में उलझ गया। यूरोप की प्रतिद्वंद्वी कंपनियाँ, भारतीय व्यापार का ज्यादा से ज्यादा हिस्सा पाने के लिए देशी रजवाड़ों के साथ संधि करने में व्यस्त हो गईं। पर 1757 में प्लासी की लड़ाई ने, युद्धरत भीतरी और बाहरी शक्तियों के भाग्य का अंतिम फैसला कर दिया। ईस्ट इंडिया कंपनी ने बंगाल के नवाब को हरा दिया और 1765 में दीवानी के रूप में नागरिक प्रशासन के सारे अधिकार हासिल कर लिए। यहीं से भारत के ऊपर औपनिवेशिक शासन की शुरुआत होती है। बर्नर्ड कोहन (1983) ने ईस्ट इंडिया कंपनी और देशी शासकों के बीच सत्ता-संबंधों का अध्ययन किया है। उनके अनुसार मुगल बादशाह के अस्तित्व को 'दिल्ली के राजा' के 'सांस्कृतिक-प्रतीकात्मक' चिह्न के रूप में सीमित कर दिया गया था तथा ईस्ट इंडिया कंपनी, मुगल बादशाह की प्रतीक

सत्ता के 'रीजेंट' की हैसियत से देश में शासन करने लगी। यह व्यवस्था तब तक चली, जब तक 1857 की क्रांति के बाद मुगल बादशाह पर मुकदमा चलाकर उन्हें देश-निकाला नहीं दे दिया गया।

रजनी पामदत्त (1940), हाम्जा अल्वी (1989) और क्रिस फ्युलर (1989) ने देशी सामाजिक-संरचना के साथ औपनिवेशिक मुठभेड़ के परिणामों के अलग-अलग पहलुओं पर विचार किया है। उनके अनुसार पूर्व-औपनिवेशिक देशी समाज, ग्रामीण और नागरिक अर्थ-व्यवस्था के आपसी संतुलन पर आधारित था। भारतीय समाज की जनसांख्यिक बनावट ऐसी थीं, कि यहाँ की आबादी को खेती करने लायक पर्याप्त जमीन सुलभ हो जाती थी। इसलिए, ब्रिटिश-पूर्व भारत में, लगातार, जमीन के बजाय लोगों को नियंत्रित करने पर बल दिया जाता था। मजदूर और खेतिहर से बादशाह के बीच, रैयत, जमींदार, मुखिया, मनसबदार, जागीरदार इत्यादि की पदक्रमानुसार पूरी जमात होती थी। जब भी निचले, बीच के या जिसे फ्युलर ने 'अधिस्थानीय' कहा है, ऐसे किसी तबके में शक्ति का केंद्रीकरण होने लगता तो, उसका परिणाम होता 'विशिष्ट वर्ग की अदला-बदली', यानी कमजोर सत्ताधारी मजबूत शासकों द्वारा पदच्युत कर दिए जाते थे। इस पूरी सत्ता-संरचना की वित्त-व्यवस्था भूमि से उगाहे गए करों के द्वारा की जाती थी। ग्रामीण समाज के सदस्यों के बीच भूमि-आय का वितरण सर्वसम्मत विधि से किया जाता था, जिसे जजमानी प्रथा कहते थे। इस प्रकार जमींदारों और किसानों के बीच 'संरक्षक-आश्रित' का संबंध होता था। हालाँकि 'अधि-स्थानीय' सत्ता-केंद्रों द्वारा ग्रामीणों से, कर वसूली जोर-जबर्दस्ती से की जाती थी, पर एक बार भूमि-कर वसूलने के बाद, सत्ता-संरचना का यह 'अधि-स्थानीय' स्तर, ग्रामवासियों के रोजमर्रा के जीवन में दखल नहीं देता था। राजतंत्रीय व्यवस्था में जजमानी प्रथा के निर्विघ्न निर्वाह की कुछ हद तक गारंटी रहती थी। इसके अलावा सताए

जाने पर, मजदूर, कारीगर और किसान, शोषक जमींदारों या दूसरी 'अधि-स्थानीय' ताकतों के साये से दूर खिसक जाते थे। स्टोक्स ने काश्तकारी की इस व्यवस्था को भारतीय समाज की जान कहा है। फ्युलर ने भूमि, जाति और सत्ता के संबंधों का विश्लेषण करते हुए प्रतिपादित किया है, कि पूर्व-औपनिवेशिक भारत की राजनीतिक-आर्थिक व्यवस्था का मर्म, 'भूमि की उपज और जनता पर नियंत्रण' में निहित है न कि जाति प्रथा में। 'जाति प्रथा को भारतीय समाज का मर्म' मानने वाले रूढ़िगत मानव-शास्त्रीय दृष्टिकोण को चुनौती देते हुए, फ्युलर ने दिलचस्प सवाल उठाया है कि "कहीं 'परंपरावादी' जाति-प्रथा की अवधारणा भी ब्रिटिश लोगों की ही सृष्टि तो नहीं है?" (फ्युलर, 1989, 38)। इस रूढ़िगत अवधारणा की पुष्टि बाद में भी पश्चिमी लेखकों द्वारा होती रही है। इनमें प्रमुख है लुई द्यूमों की मूलतः मानव-शास्त्रीय और प्रकार्यवादी पुस्तक 'होमो हिरार्किकस' (1972)।

फ्युलर के दृष्टिकोण से शत-प्रतिशत सहमति हो या न हो, पर यह बिना संकोच के कहा जा सकता है कि, जाति-बिरादरी के स्पष्ट रूप से परिभाषित भेदों की 'सूचियाँ' बनाने की अवधारणा निश्चित रूप से सत्ता की आधुनिक शासन-प्रणाली का करतब है, क्योंकि इस शासन प्रणली का आधार ही हर चीज को निश्चित ढंग से तर्कपूर्वक 'नियत' कर देने में है। भारत में जाति-बिरादरी की सच्चाई को बेहतर ढंग से समझना हो तो, सुदीप्त कविराज (1994) के शब्दों में जाति व्यवस्था की 'अस्पष्टता' और 'अगणनतीयता' जैसी विशेषताओं पर ध्यान दिया जाना चाहिए। कविराज ने खुलासा किया है कि परंपरागत भारतीय समाज के विभिन्न स्तरों में राजनीतिक नियंत्रण, आर्थिक शक्ति और सामाजिक प्रतिष्ठा का बँटवारा समाज के विभिन्न वर्गों में 'विषम' रूप में था। उदाहरण के लिए क्षत्रिय की राजनीतिक सत्ता अपने आप आर्थिक

शक्ति में परिवर्तित नहीं हो जाती थी। इसी तरह वैश्य की आर्थिक शक्ति से उसके लिए ब्राह्मण के बराबर सामाजिक सम्मान का दर्जा सुनिश्चित नहीं हो जाता था। "ऐसा लगता है कि परंपरागत भारतीय समाज एक विरल, कर वसूल करने वाले, अंशतः सीमांती राज्य की व्यावहारिक व्यवस्था के सहारे चलता था...जाति और क्षेत्रीय समुदाय के दायरों के बीच ऐसा दायरा, जिसके केंद्र में राज्य स्थित रहता था" (कविराज, 1994, 29)। यह हिंदुस्तान की, पूर्व-औपनिवेशिक देशी सामाजिक-सांस्कृतिक व्यवस्था थी, जिसे कार्ल मार्क्स ने इंग्लैंड के हाथों बिखरते-टूटते देखा था, "जिसने हिंदुस्तान की वर्तमान दुर्दशा को विशेष रूप से विषादमय बना दिया था"।

देशी समाज के क्रिया-कलापों में औपनिवेशिक राज्य ने पहला बड़ा हस्तक्षेप, काश्तकारी की व्यवस्था में परिवर्तन के रूप में किया। 1793 में लॉर्ड कॉर्नवालिस ने, जमीन के ऊपर निजी संपत्ति के सिद्धांतों के आधार पर स्थायी बंदोबस्त लागू किया। देशज समाज के लिए यह अवधारणा परायी थी। इस प्रसंग में महत्त्वपूर्ण बात भूमि में निजी संपत्ति के अधिकारों को लागू करना नहीं था, बल्कि राजस्व व्यवस्था के मारक हथियार के रूप में उसको सार्वत्रिक स्तर पर लागू करना था। इसके पीछे कानूनी अधिनियमों और ब्रिटिश शक्ति का समर्थन था। इस तरह जिन लोगों पर राजस्व की जिम्मेदारी थी, उन्हीं को भू-स्वामित्व दे देने के कारण वितरण-व्यवस्था की पूरी संरचना ध्वस्त कर दी गई। ब्रिटिश शासन ने वितरण-व्यवस्था के ऊपरी आधे हिस्से को (आर्थिक आयाम सहित) नष्ट करने के साथ ही साथ राजनीतिक-व्यवस्था के ऊपरी आधे हिस्से को भी नष्ट कर दिया। "इस तरह ब्रिटिश शासन ने जैसे मुगल साम्राज्य का अंत किया, उसी के साथ-साथ, परंपरागत सत्ता की अन्य राजनीतिक इकाइयों को भी खत्म कर दिया। इसमें बची रहीं सिर्फ, नए भूस्वामियों की छोटी-छोटी बादशाहतें" (फ्युलर, 1989, 34-5)।

औपनिवेशिक आधिपत्य ने, इस तरह देशी ग्रामीण अर्थव्यवस्था और शहरी व्यापार के स्रोत नष्ट कर दिए। स्थानीय के ऊपर, जो अनगिनत लोग समृद्ध वाणिज्य-व्यापार में लगे थे, उन तक उनका प्राप्य भू-राजस्व पहुँचना बंद हो गया, क्योंकि पूरे राजस्व को औपनिवेशिक-राज्य ने हथिया लिया। इस तरह औपनिवेशिक आधिपत्य ने ठीक उस वक्त जब पूरा विश्व औद्योगीकरण के युग में प्रवेश कर रहा था, भारत की देशी अर्थव्यवस्था को नष्ट करके भारत के निरौद्योगीकरण का रास्ता खोल दिया।

"प्लासी की लड़ाई 1757 में हुई थी। प्लासी के तुरंत बाद, बंगाल की लूट लंदन पहुँचने लगी, और उसका तात्कालिक प्रभाव... 1760 में इंग्लैंड में औद्योगिक क्रांति की शुरुआत के रूप में दिखाई पड़ा। इन दो ऐतिहासिक घटनाओं का जो प्रभाव पड़ा और उसके परिणामस्वरूप जो परिवर्तन घटित हुए उनकी तेजी का मुकाबला शायद कभी किसी ऐतिहासिक घटना से नहीं हो सका।" (ब्रुक्स ऐडम्स, पाम दत्त द्वारा उद्धृत, 1940, 119)। भारत से संपत्ति की निकासी और किसानों से भू-राजस्व की निर्मम उगाही और बेरहमी से वसूली के कारण, बंगाल में 1770 का मानव-इतिहास का सबसे भयानक अकाल पड़ा। इस संदर्भ में अठारहवीं शताब्दी के अंत और उन्नीसवीं शताब्दी के आरंभ में भारत और इंग्लैंड में व्यापार और वाणिज्य के दो बड़े केंद्रों में घटित परिवर्तनों के अंतर का जरा जायजा लिया जाए। बंगलादेश (जो पहले भारत का हिस्सा था) की वर्तमान राजधानी ढाका शहर की आबादी जो 1787 में 1,50,000 या 2,00,000 थी वह 1840 तक घटकर तीस या 40,000 रह गई। ढाका की तरफ, जो कभी भारत का मैनचेस्टर हुआ करता था, जंगल और मलेरिया बड़ी तेजी से कब्जा करते हुए बढ़ रहे थे। जो शहर कभी बहुत फूला-फला होता था वह सिकुड़कर बहुत छोटा-सा रह गया था। उस शहर की पीड़ा वाकई बहुत गहरी थी। इसके विपरीत

इंग्लैंड के हालात पर नजर डालें। बात उस सामाजिक परिदृश्य से शुरू करें, जो कल्पना में उस दौर के इतने बिंब खड़े करता है यानी मैनचेस्टर के हालात। "1773 में मैनचेस्टर की आबादी, 27,000 थी और वहाँ सूती कपड़े का एक भी कारखाना नहीं था, 1802 तक यह आबादी 95,000 हो गई और सूत के कारखानों की संख्या बावन हो गई" (हैरीसन, 1984)।

❑ राज्य की संघटना और सांस्कृतिक क्रांति : बुर्जुआ-पूँजीवादी व्यवस्था का सार्वीकरण

हालाँकि राष्ट्र-राज्य तथा संस्कृति मूलतः आधुनिक परिकल्पनाएँ हैं, लेकिन पूर्व-आधुनिक युग में भी विभिन्न रूपों में मानव-समाज में इनकी उठापटक चलती रही है। दरअसल यह उठापटक सदियों-सहस्राब्दियों से मानव-सभ्यता का अभिन्न अंग बनी हुई है। व्यक्ति से समाज बनते ही मानव-जीवन के सामाजिक नियंत्रण की प्रक्रिया शुरू हो गई, जिसने परिवार, जाति, वर्ण, ग्राम-पंचायत तथा स्थानीय शासन, फिर बृहत्तर शासन-तंत्रों को जन्म दिया। शासन के लिए आवश्यक तत्त्व है, कोई तर्क, कोई कारण, कोई मिथ। ऐसे ही तो कोई किसी को अपने ऊपर नियंत्रण नहीं करने देगा। शुरू में आस-पास के जंगली जानवरों, प्राकृतिक आपदाओं से सुरक्षा के तर्क ने, एक व्यक्ति या व्यक्तियों के समूह को दूसरे सामाजिक समूहों पर शासन का अधिकार दिया। फिर जैसे-जैसे सभ्यता का विकास होता गया, शहरीकरण की माँग ने संसाधनों की आवश्यकताओं को जन्म दिया, जिसके लिए खास भू-भाग पर साम्राज्य की स्थापना आवश्यक हो गई। अतएव साम्राज्य स्थापित करने के अलग-अलग तर्क ढूँढ़े गए—जैसे क्षेत्र, जाति, समुदाय, धर्म इत्यादि। साम्राज्यों की स्थापना के लिए युद्ध अवश्यंभावी हो गए। फिर लगा कि केवल

युद्ध से पूरे समाज की सहमति नहीं प्राप्त की जा सकती। अतएव चाणक्य के सिद्धांत 'धर्म और दंड' का विकास हुआ। यहाँ धर्म 'धर्म' के बजाय समाज के नैतिक-बौद्धिक समर्थन की नीतियों को अभिव्यक्त करता था।

आधुनिक युग में राष्ट्र-राज्य का निर्माण, वेस्टफेलिया की संधि 1648 से माना जाता है, जब पहली बार एक खास भू-भाग के ऊपर खास राज्य का स्वतंत्र आधिपत्य माना गया। तत्पश्चात् 1789 की फ्रांसीसी क्रांति ने राज्य की परिकल्पना को राष्ट्रीयता से जोड़कर राष्ट्र-राज्य के आधुनिक स्वरूप का विकास किया। इस तरह वर्तमान स्वरूप में राष्ट्र-राज्य का निर्माण पहले फ्रांस, फिर इंग्लैंड तथा बाद में अन्य देशों में हुआ। आधुनिक राष्ट्र-राज्य के निर्माण का पूँजीवाद के उदय और विस्तार से गहरा संबंध है। इतिहास की दृष्टि से आधुनिक राष्ट्र-राज्य का जो स्वरूप है वह आधुनिक समाजों के सामाजिक-राजनीतिक प्रबंध के औजार के रूप में औद्योगिक-पूँजीवाद की उपज है। मैक्स वेबर के अनुसार वह एक 'बंद राष्ट्र-राज्य' था जिसने पूँजीवाद को विकास के अवसर प्रदान किए। कार्ल मार्क्स के अनुसार बुर्जुआ समाज को स्वयं को अन्य देशों से बाह्य-संबंधों में राष्ट्रीयता के आधार पर स्थापित करना पड़ा तथा बृहत्तर समाज पर शासन के लिए स्वयं को 'राज्य' के रूप में संगठित करना पड़ा। इस प्रकार आधुनिक राष्ट्र-राज्य की संरचना, सामंती सामाजिक व्यवस्था के विघटनोपरांत विकसित पूँजीवादी सामाजिक व्यवस्था के उदय के परिप्रेक्ष्य में हुई। इसलिए पूँजीवाद को सिर्फ औद्योगिक-अर्थव्यवस्था की तरह नहीं देखना चाहिए, बल्कि इसे जीवन के राजनीतिक, सामाजिक और सांस्कृतिक क्षेत्रों की संरचना में होने वाले मौलिक परिवर्तनों के रूप में देखना चाहिए। इसी व्यापक नए परिप्रेक्ष्य में सामाजिक-राजनीतिक प्रबंधन के उपकरण के रूप में आधुनिक राज्य का निर्माण हुआ, जिसके कारण कॉरिगन और

सेयर ने राज्य-संघटना को सांस्कृतिक क्रांति माना है। उन्होंने राज्य, राष्ट्र और बुर्जुआ पूँजीवादी सभ्यता के आपसी संबंधों के विशेष संदर्भ में इसकी व्याख्या की है कि कैसे ऐतिहासिक प्रक्रिया में सामाजिक व्यवस्था के रूपों की रचना होती है।

मैं यहाँ बहुत संक्षेप में नई बुर्जुआ-पूँजीवादी सभ्यता में राज्य की निर्मिति तथा नए समाज के साथ उसके अंतर्संबंधों के बारे में, कार्ल मार्क्स, एमिल दुर्खीम, मैक्स वेबर और अंतोनियो ग्राम्शी के विचारों का विश्लेषण करूँगा। पुरानी सामंती व्यवस्था के विघटन को, दुर्खीम ने समाज की 'यांत्रिक एकजुटता' की स्थिति से पूँजीवादी व्यवस्था की 'सहज एकजुटता' की दिशा में हुई, प्रगति के रूप में देखा। जैसा कि नाम से ही प्रतीत होता है, सामंती व्यवस्था की 'यांत्रिक एकजुटता' में व्यक्ति की चेतना, समाज की या सामूहिक चेतना की उसी तरह अभिन्न अंग होती थी, जैसे किसी निर्जीव वस्तु के हिस्से हों। व्यक्ति चूँकि समाज से बँधा रहता था, इसलिए वह स्वतंत्र नहीं होता था। पूँजीवादी व्यवस्था की 'सहज एकजुटता' की स्थिति में व्यक्ति की चेतना ने, सामूहिक चेतना की निश्चलता से मुक्ति पा ली, यानी व्यक्ति एक सजीव संरचना के अवयवों की तरह सक्रिय होने के लिए स्वतंत्र हो गया। 'स्वतंत्र वैयक्तिकता' इस रूप में आधुनिकता का मूल लक्षण है। गोकि समाज से व्यक्ति की स्वतंत्रता, अब कानून से शासित होने लगी। दुर्खीम नें कानून को समाज की 'स्नायु व्यवस्था' यानी 'सामूहिक संकल्प की अभिव्यक्ति' कहा। पुरानी समाज-व्यवस्था के विघटन के इस संदर्भ में, राज्य ने कानून को लागू और नियमित करने वाली सत्ता की भूमिका ग्रहण कर ली। दुर्खीम के शब्दों में "व्यक्तिवाद राज्य के माध्यम से ही संभव हो सकता है।" (दुर्खीम, 1904, कॉरिगन और सेयर द्वारा उद्धृत, 1985, 184)। इस तरह दुर्खीम का विश्लेषण नई बुर्जुआ-पूँजीवादी व्यवस्था में व्यक्तिवाद, राज्य तथा कानून के

अंतर्संबंधों को अनावृत करता है।

जहाँ तक कार्ल मार्क्स का संबंध है, सब जानते हैं कि मार्क्स, पूँजीवादी समाज में, राज्य को बुर्जुआ वर्चस्व, का साधन मानते थे। यह वर्चस्व उत्पादन के साधनों के स्वामित्व और नियंत्रण के परिणामस्वरूप फलीभूत होता है। मार्क्स ने सामंती समाज के 'व्यक्तियों' के रूप में 'विघटन' और 'सामग्री-संबंधों' की स्थापना को बुर्जुआ सभ्यता का मूलभूत लक्षण माना है। यहाँ दुर्खीम की 'सहज एकजुटता' के परिप्रेक्ष्य में 'व्यक्तिवाद' की उत्पत्ति पर नजर डालें, तो कार्ल मार्क्स उसी बात को आगे बढ़ाते हुए दर्शाते हैं कि जो नया समाज उभर रहा था, वह पुराने समाज के टूटने से 'मुक्त हुए' 'व्यक्तियों' के रूप में मानव की नई अवधारणा थी। जहाँ दुर्खीम ने नए व्यक्तियों के रूप में बन रहे समाज के नियंत्रण के लिए कानून-व्यवस्था तथा राज्य पर ध्यान आकर्षित किया, वहीं कार्ल मार्क्स ने दर्शाया कि नई पूँजीवादी व्यवस्था में व्यक्तियों का आपसी संबंध, बाजार में वस्तुओं के खरीद-फरोख्त के संबंधों की तरह 'सामग्री-संबंधों' पर आधारित हो गया। जो नई व्यवस्था में विकसित 'आत्मनिर्वासन' तथा 'अवमानवीकरण' का प्रमुख कारण बना। मार्क्स ने इस परिप्रेक्ष्य में राज्य को शासक-वर्ग के वर्चस्व के साधन के रूप में देखा। पूँजीवादी समाज-व्यवस्था में सामाजिक, राजनीतिक और आर्थिक विषमता के सामान्य संदर्भ में, प्रभुत्वशाली वर्ग के वर्चस्व को कायम रखने के लिए, राज्य बल-प्रयोग के सहारे यह काम करता है। मार्क्स की नजर में 'राज्य ही वह स्वरूप है, जिसमें बुर्जुआ अपनी शक्ति की व्यवस्था करता है'। पर उन्होंने इस परिघटना के कहीं अधिक व्यापक निहितार्थों पर भी विस्तार से विचार किया है। उनका कहना है कि "हर युग में शासक वर्ग के विचार ही शासक विचार होते हैं, जिस वर्ग के पास समाज पर भौतिक शासन की शक्ति होती है, वही उस पर बौद्धिक शासन

भी करता है। जिस वर्ग के अधीन भौतिक उत्पादन के साधन होते हैं, वही बौद्धिक उत्पादन के साधनों पर नियंत्रण करता है। इस तरह सामान्य रूप से जिनके पास बौद्धिक उत्पादन के साधन नहीं होते, उनके विचार इनके अधीन रहते हैं।'' (मार्क्स, मिलिबैंड, 1969, 18 पर उद्धृत)।

मैक्स वेबर की नजर में, आधुनिक पूँजीवादी सभ्यता का मूलभूत लक्षण, उसमें विकसित नया 'विवेकधर्मी नौकरशाही' तंत्र है। राज्य, 'विवेकसम्भत नौकरशाही तंत्र' का सर्वोत्कृष्ट स्वरूप होता है। उनका कहना है कि ''वास्तव में राजनीतिक संघ के रूप में ऐसा राज्य जिसका एक तर्कसम्मत, लिखित संविधान हो, तर्कसम्मत कानून व्यवस्था हो, एक ऐसा प्रशासन हो जो तार्किक नियमों और कानून से बँधा हो, जो प्रशिक्षित अफसरों के द्वारा लागू किया जाता हो, सिर्फ पश्चिम में ही मिलता है... और यही बात हमारे आधुनिक जीवन की सबसे बड़ी निर्णायक शक्ति पूँजीवाद के बारे में भी सच है'' (वेबर 1958, 16-7)। इस तरह वेबर ने पश्चिम में विकसित पूँजीवादी व्यवस्था तथा नौकरशाहीकरण को एक-दूसरे का अभिन्न अंग माना है। वेबर ने प्रभुत्वशाली वर्ग द्वारा प्रभुत्वहीन वर्ग के ऊपर स्थापित किए जाने वाले तीन तरह के वर्चस्व की चर्चा की है। 'बौद्धिक' वर्चस्व, जो नियम कानून के द्वारा लागू किया जाता है। 'पारंपरिक' वर्चस्व, जो परंपराओं और रीति-रिवाजों पर निर्भर होता है, और 'करिश्माई' वर्चस्व, जिसका आधार शासकों के व्यक्तित्व की करिश्माती विशेषताएँ होती हैं। गोकि सभी समाजों में इन तीनों प्रकार के वर्चस्व का सह-अस्तित्व होता है, अफसरशाही व्यवस्था आधुनिक समाजों के संगठन की सबसे प्रमुख प्रक्रिया है, जिसका इस बात से कोई संबंध नहीं होता कि उत्पादन के साधनों पर किसका नियंत्रण है।

इतालवी दार्शनिक तथा राजनीतिज्ञ ग्राम्शी ने राज्य का विश्लेषण,

नागर समाज के साथ उसके बहुआयामी संबंधों के आधार पर किया है। पूँजीवाद, व्यक्तियों को सामंती व्यवस्था से 'मुक्त' करने की प्रक्रिया में, 'नागरिकों' का स्वरूप प्रदान करता है और ये नागरिक अपने नागर समाज का निर्माण करते हैं। ग्राम्शी ने राज्य के विभिन्न पक्षों और प्रकार्यों को 'नीतिपरक', 'शिक्षापरक' और 'हस्तक्षेपकर्ता' कहा है। उपरोक्त विचारकों द्वारा राज्य को 'वर्ग-प्रतिनिधि' (मार्क्स) या 'नौकरशाही संगठन' (वेबर) या 'अनुशासन लागू करने वाली कानून व्यवस्था' (दुर्खीम) से हटकर, ग्राम्शी ने इस विषय को बृहत्तर परिप्रेक्ष्य में देखा है। ग्राम्शी का कहना है, "राज्य, नागरिक समाज को अर्थ-तंत्र के अनुसार चलाने का साधन होता है, पर जरूरी यह है कि राज्य ऐसा करने के लिए 'राजी' हो, यानी राज्य का नियंत्रण, अर्थ-तंत्र में घटित होने वाले परिवर्तनों के प्रतिनिधियों के हाथ में हो। यह उम्मीद करना कि नागर समाज समझाने या प्रचार करने से नए तंत्र का पालन करने लगेगा, या फिर पुरानी आर्थिक व्यवस्था पूरी तरह दफनाए जाने के बगैर लुप्त हो जाएगी, ऐसा सोचना एक नए ढंग की आर्थिक लफ्फाजी होगी" (ग्राम्शी, 1971, 208)। ग्राम्शी ने स्वयं औपनिवेशिक स्थिति में राज्य की बनावट की जटिलताओं का परीक्षण नहीं किया था। पर सिविल समाज, निष्क्रिय प्रतिरोध वर्चस्व, शक्ति-संबंधों, देशव्यापी-सार्वजनिक, आंदोलनों के युद्ध और यथास्थिति के युद्ध इत्यादि के बारे में उनकी अवधारणाओं, से एक ऐसी प्रभावी प्रणाली उभरती है जिसके आधार पर परिधीय या औपनिवेशिक पूँजीवाद की स्थितियों में निर्मित आधुनिक राष्ट्र-राज्य के वर्चस्व का विखंडन किया जा सकता है। ग्राम्शी ने इटली में पूँजीवाद के पहले सामाजिक-संरचना में 'बुनियादी रूपांतरण' के बिना होने वाले आधुनिक राष्ट्र-राज्य के निर्माण की परिस्थितियों की व्याख्या के लिए इन अवधारणाओं को आधार बनाया। उनके अनुसार पूँजीवादी सामाजिक संरचना के विकसित हुए बगैर जब

पूर्व-आधुनिक समाजों में राष्ट्र-राज्य की स्थापना होती है, तो ऐसे में राष्ट्र-राज्य स्वयं सामाजिक परिवर्तन का नेतृत्व करता है, जबकि मौलिक पूँजीवादी व्यवस्था में सामंतवादी व्यवस्था के विघटनोपरांत हुए सामाजिक परिवर्तन के तहत विकसित प्रभुत्वशाली सामाजिक वर्ग, बृहत्तर समाज पर नियंत्रण तथा उसके संचालन के लिए आधुनिक राष्ट्र-राज्य की स्थापना करता है। पूँजीवाद-पूर्व सामाजिक संरचना यानी सामंती व्यवस्था में मौलिक रूपांतरण हुए बगैर, भारत की ही तरह इटली में भी आधुनिक राष्ट्र-राज्य की स्थापना हुई थी।

ग्राम्शी की सिविल समाज तथा राजनीतिक समाज की अवधारणा भी बहुत महत्त्वपूर्ण है। सिविल समाज स्वैच्छिक (विवेकपूर्ण तथा सहमति पर आधारित) संगठनों जैसे विद्यालय, परिवार, मीडिया, व्यापार, श्रमसंगठन इत्यादि से निर्मित होता है। जबकि राजनीतिक समाज, राजनीतिक दलों-संगठनों, राज्य व्यवस्था, राज्य-संस्थाओं जैसे सेना, पुलिस, नौकरशाही इत्यादि से बनता है, जिसका सीधा कार्य प्रभुत्व स्थापित करना है। संस्कृति, सिविल समाज में कार्यरत ऐसी प्रक्रिया है जो प्रभुत्व पर नहीं बल्कि सहमति तथा प्रतिरोध के आधार पर संचालित होती है। ग्राम्शी ने संस्कृति तथा राजनीति के अंतर्संबंधों की भी मौलिक व्याख्या की है। उनकी 'हेजेमनी' की अवधारणा, शासक वर्ग या सिविल सोसाइटी द्वारा राज्य-सत्ता के वर्चस्व के लिए संस्कृति के उपयोग को रेखांकित करती है। ग्राम्शी इसी के साथ शासित वर्ग द्वारा शासक वर्ग के वर्चस्व के प्रतिरोध में संस्कृति का प्रयोग 'काउंटर-हेजेमनी' की अवधारणा में करते हैं। उनके विचारों के अनुसार राज्य-सत्ता का सैनिक-राजनीतिक-आर्थिक प्रभुत्व, शासित समाज पर तभी स्थायी हो पाता है, जब संस्कृति के उपयोग से शासित समाज के ऊपर नैतिक-बौद्धिक वर्चस्व (हेजेमनी) स्थापित हो सके। इसी तरह प्रतिरोध के आंदोलन (सैनिक-राजनीतिक-आर्थिक मुद्दों पर प्रतिरोध के साथ-साथ) तब

तक सांस्कृतिक पहलुओं पर सफलता प्राप्त नहीं कर पाते, जब तक कि सत्ता परिवर्तन या प्रतिरोध का वर्चस्व (काउंटर-हेजेमनी) स्थापित नहीं हो पाता। फलस्वरूप शासक व शासित वर्ग के बीच, संस्कृति के स्तर पर वर्चस्व का खेल सतत चलता रहता है। सत्ता के लिए विभिन्न राजनीतिक-दलों और संगठनों में, लगातार बनते-बिगड़ते समीकरणों को, सामाजिक-सांस्कृतिक स्तर पर लगातार गतिमान प्रभुत्व-प्रतिरोध के इस द्वंद्वात्मक अंतर्संबंध के बाहरी परिणामों के रूप में देखा जा सकता है।

इस पुस्तक के लिए प्रासंगिक बात यह है, कि ऊपर जिन विचारकों की चर्चा की गई है, वे सब सामंतवाद से पूँजीवाद की ओर संक्रमण के दौरान, जीवन के सामाजिक, राजनीतिक, आर्थिक और सांस्कृतिक पहलुओं में हुए परिवर्तनों के मद्‌देनजर राष्ट्र-राज्य और समाज के अंतर्संबंधों को परखते हैं। निष्कर्ष यह है कि, आधुनिक राज्य, पूँजीवाद की उस नई व्यवस्था का प्रतिनिधित्व करता है, जिसके मूल में पूँजी, बौद्धिकता, व्यक्तिवाद, नौकरशाही, नागरिक समाज, कानून और अनुशासन के नए आख्यान हैं। औद्योगिक क्रांति तथा सन् 1789 की फ्रांसीसी क्रांति से आरंभ हुए आधुनिक युग में पश्चिम के देशों में सामाजिक, राजनीतिक, आर्थिक एवं सांस्कृतिक संरचनाओं में एक साथ बुनियादी रूपांतरण हुआ। इसके मुख्य माध्यम बने—राष्ट्र-राज्य, औद्योगीकरण, शहरीकरण, बाजार, लोकतंत्र, कानून का शासन। इन सबको आधुनिकता के विभिन्न अवयवों के रूप में देखा जा सकता है। फ्रांसीसी क्रांति के तीन प्रमुख आयामों स्वतंत्रता, समानता और भाईचारा को ही मूलतः आधुनिकता का वैचारिक आधार माना जा सकता है। अठारहवीं तथा उन्नीसवीं शताब्दी में विज्ञान की खोजों के साथ औद्योगीकरण के लिए कच्चे माल के स्रोत और उत्पादों की बिक्री के उद्‌देश्य से पश्चिमी देशों द्वारा, एशिया, अफ्रीका, लैटिन अमेरिका के देशों

का औपनिवेशीकरण शुरू किया गया। इसी 'औपनिवेशिक मुठभेड़' (कोलोनियल एनकाउंटर) में पूर्व-उपनिवेशों में आधुनिकता के उपकरणों—राष्ट्र-राज्य, बाजार, लोकतंत्र, कानून-व्यवस्था, औद्योगीकरण का समावेश हुआ। उन्नीसवीं शताब्दी के अंत तक, खुद पश्चिम में पहले फ्रांस, फिर इंग्लैंड तथा बाद में अन्य देशों में इन संस्थाओं का पूर्ण विकास हुआ। ऐतिहासिक दृष्टि से, उत्तर-सामंती समाजों की सामाजिक-राजनीतिक व्यवस्था के साधन के रूप में, राष्ट्र-राज्य का जन्म, पूँजीवाद के उदय और उसके विश्वव्यापी प्रचार-प्रसार का अभिन्न अंग रहा है। आधुनिक राष्ट्र-राज्य का उदय, राष्ट्रवाद और शक्ति की आधुनिक शासन व्यवस्था की राजनीतिक-नैयायिक तकनीकों का विकास, पश्चिमी यूरोप में साथ-साथ हुआ और इनकी शुरुआत 'ज्ञानोदय युग' के महाआख्यान से होती है।

हम पहले चर्चा कर चुके हैं, कि भारत का औपनिवेशीकरण, इंग्लैंड के समाज के पूँजीवादी रूपांतरण के दौर में हुआ। इसलिए औपनिवेशिक राज्य में, (जो इंग्लैंड की साम्राज्यीय राज्य की अधीनस्थ शाखा थी) बराबर उन परिवर्तनों की छाया पड़ती रही जो इंग्लैंड की राज्य-संघटना में घटित हो रहे थे। इंग्लैंड में उस वक्त हो रहे परिवर्तनों पर जरा एक नजर डालें। ''राज्य-संघटन और सांस्कृतिक नियमन, 1799-1800 के संयुक्त अधिनियमों के वर्ष में, उन्माद की अवस्था तक पहुँच गए थे, जिसे 'अंग्रेजी आतंक' का दौर कहना अतिशयोक्ति न होगा। यह वह समय था जब श्रमिक वर्ग को ठोंक-पीटकर, नई व्यवस्था में ढाला गया।'' (थॉमसन, 1968, कॉरिगन और सेयर द्वारा उद्धृत, 1985, 115)। यह भारत में कंपनी-राज का युग था, जिसकी शुरुआत आर्थिक लूट के रूप में हुई थी, पर साधनों के सुलभ होते जाने के साथ-साथ ब्रिटिश शासन, राज्य का स्वरूप अख्तियार करने लगा था। इस परिवर्तन को बैरिंगटन मूर (जूनियर) ने 'अंग्रेजों का विकास—लूट से नौकरशाही में' कहा

है। "अठारहवीं शताब्दी के मध्य तक अंग्रेज व्यापार और लूट में ही लगे थे—लेकिन 19वीं शताब्दी के मध्य तक आते-आते वे भारत के प्रभावी शासक हो गए थे" (मूर, जूनियर, 1966, 341)।

❑ औपनिवेशिक-राज्य के वर्चस्व-परियोजना की समस्या : आधुनिक नागर समाज के अभाव में आधुनिक राज्य की विरोधाभासी स्थिति

उपरोक्त परिप्रेक्ष्य में औपनिवेशिक राज्य (कोलोनियल स्टेट) के गठन ने, भारत में राज्य और समाज के बीच संबंधों में बुनियादी परिवर्तनों की शुरुआत की। पूर्व-औपनिवेशिक राजतंत्रवादी राज्य, जनता के सामाजिक-सांस्कृतिक जीवन में स्वायत्तता के सिद्धांत का पालन करते थे। लेकिन औपनिवेशिक राज्य ने सदियों पुरानी इस देशी सामाजिक-संरचना की 'स्वायत्तता' के क्षेत्र में भी हस्तक्षेप किया। अपने शासन को वैधता प्रदान करने के प्रयास में औपनिवेशिक राज्य ने, देशी समाज के प्रशासनिक, शैक्षिक, चिकित्सा संबंधी, और नैयायिक मामलों में हस्तक्षेप करके, भारतीय समाज के दिन-प्रतिदिन के जीवन की स्वायत्तता में घुसपैठ की। देशी सामाजिक-संरचना की सदियों पुरानी कार्य-प्रणाली में औपनिवेशिक-राज्य के इस हस्तक्षेप ने देशी समाज में प्रतिरोध को जन्म दिया। आरंभिक औपनिवेशिक शासन के रूप में कंपनी-राज की सबसे पहली टकराहट देशी राजाओं के साथ, उनके शासित क्षेत्रों को हासिल करने को लेकर हुई। इसके साथ ही औपनिवेशिक ताकत के द्वारा स्थानीय उद्योगों के ध्वंस और भू-राजस्व की जबरन वसूली के खिलाफ किसानों और जनजातियों ने भी बगावत कर दी। बंगाल की लूट और किसानों की कंगाली के परिणामस्वरूप बंगाल में जो अकाल पड़ा, उसके खिलाफ 1770 का पहला किसान आंदोलन हुआ, जिसे संन्यासी आंदोलन कहा जाता है। औपनिवेशिक राज्य के साथ देशी शासकों के प्रमुख युद्ध इस

प्रकार थे : पूना के पेशवा (1802); ग्वालियर के सिंधिया (1803); इंदौर के होल्कर (1804); सिख (1846); पंजाब (1849) और अवध (1856) इत्यादि। प्रमुख किसान तथा जनजातियों के विद्रोह/बगावत निम्नवत थे : बंगाल और बिहार में संन्यासी विद्रोह (1770); छोटानागपुर की 'हो' जनजातियों की बगावत (1820); 'कोल' बगावत (1832); बंगाल की टीटू मीर बगावत (1831); 1855-57 का संथाल विद्रोह इत्यादि। औपनिवेशिक शासन के खिलाफ लगातार होने वाले विरोध को लक्ष्य करके 1835-36 में गवर्नर जनरल लॉर्ड मेट्काफ् को कहना पड़ा था कि, "सारा भारत हरदम हमारे पराभव पर नजर लगाए है" (पामदत्त द्वारा उद्धृत, 1940, 274)। ब्रिटिश शासन के विरुद्ध हुए ये विरोध राजनीतिक क्षेत्रों में बगावतों के रूप में सामने आए, जिसका औपनिवेशिक राज्य ने दमन कर दिया, क्योंकि उनके पास बेहतर राजनीतिक, आर्थिक और सैनिक ताकत थी। ऐसे विद्रोहों से औपनिवेशिक शासन के प्रतिपक्ष में कोई प्रतिरोधी ताकत पैदा नहीं हो सकी, क्योंकि इन विद्रोहों की रचना राजनीतिक-आर्थिक और सामाजिक-सांस्कृतिक क्षेत्रों में साथ-साथ नहीं हुई थी।

इस संदर्भ में कंपनी-राज के दौरान, देशी राजाओं के विद्रोह और किसान-जनजातीय आंदोलनों के बावजूद, औपनिवेशिक शासन, शासित समाज पर राजनीतिक-आर्थिक क्षेत्र में प्रभुत्व स्थापित कर लेता है। लेकिन वह देशी-समाज के सामाजिक-सांस्कृतिक-धार्मिक क्षेत्र पर वर्चस्व स्थापित करने में सफल नहीं हो पाता। अपने शासन के बौद्धिक-नैतिक नेतृत्व, यानी वर्चस्व के लिए रजामंदी हासिल करने के लिए, औपनिवेशिक शासन ने शासित समाज के इतिहास और अतीत को दुबारा लिखने का प्रयास किया। इसी को सईद (1979, 3) ने 'ओरिएंटलिस्ट' यानी 'पूरबिया' विमर्श कहा है, जिसके माध्यम से, "ज्ञानोदय युग के उत्तर-काल में पश्चिमी सभ्यता के लिए पूर्वी

देशों का राजनीतिक, सामाजिक, सैनिक, विचारधारात्मक, वैज्ञानिक और कल्पनाप्रवण सभी रूपों में संचालन करना ही नहीं, उन्हें नए सिरे से गढ़ना भी संभव हो सका।" औपनिवेशिक शासन ने 'पूरबिया विमर्श' द्वारा शासित समाज पर वर्चस्व स्थापित करने के प्रयास का संस्थानीकरण किया। यह संस्थानीकरण एशियाटिक सोसायटी (1784), भारत की पुरातत्त्व संस्था (1861) जैसी सांस्कृतिक संस्थाओं की स्थापना और ब्रिटिश लेखकों की रचनाओं, रिपोर्टों, सर्वेक्षणों और प्रशासकों द्वारा किए गए संकलनों के विपुल भंडार के रूप में आकार लेने लगा। इसी वक्त, ईस्ट इंडिया कंपनी में कार्यरत, जे. एस. मिल्स ने 'भारत का पहला ब्रिटिश इतिहास' लिखा, जिसमें उन्होंने घोषणा की कि "उपनिवेशों को सभ्यताएँ या देश कत्तई नहीं समझना चाहिए, बल्कि उन्हें ऐसे कृषि केंद्रित भू-भाग मानना चाहिए, जिनका एकमात्र लक्ष्य उस अपेक्षाकृत बड़े समुदाय की आवश्यकताओं की आपूर्ति करना है, जिसके वे अधीन हैं" (मेडले, 1992, 7 में उद्धृत)। देखा जा सकता है, कि कैसे औपनिवेशिक शासन भारत पर सिर्फ राजनीतिक-आर्थिक प्रभुत्व स्थापित कर संतुष्ट नहीं था वरन्, शासित समाज की सभ्यता, संस्कृति, शिक्षा या अशिक्षा, विकास या पिछड़ेपन पर सवाल उठाकर भारत को बौद्धिक-नैतिक रूप से हीनता का एहसास कराने में प्रयासरत था। इस संदर्भ में फ्रांसीसी लेखक फ्रेंज फेनों ने, उपनिवेशवाद द्वारा शासित समाज और व्यक्ति पर होने वाले सामाजिक, आर्थिक, राजनीतिक, सांस्कृतिक एवं मनोवैज्ञानिक प्रभावों के बारे में सच ही कहा है, कि जब एक समाज, औपनिवेशिक अधीनता के दौर से सौ-दो सौ वर्ष गुजर चुका होता है, तो उसके परिणाम सांस्कृतिक पराधीनता, राष्ट्र की गरीबी और राजनीतिक निर्भरता में परिलक्षित होते हैं।

ऊपर किए गए विवेचन से परिधीय पूँजीवाद की औपनिवेशिक

परिस्थितियों में शासित समाज में राज्य की रचना की जटिलताएँ और साथ ही औपनिवेशिक स्थितियों में उसकी वर्चस्वधर्मी परियोजना की समस्या, स्पष्ट रूप से उजागर होती है। पहले के राज्यों, जैसे मध्यकालीन मुगलराज्य की तरह आखिर औपनिवेशिक राज्य, भूमि से अतिरिक्त कर वसूल कर क्यों नहीं संतुष्ट हो सका? उसे उपनिवेश की परंपरागत सामाजिक-सांस्कृतिक व्यवस्था की 'अंदरूनी कार्य-प्रणाली' में हस्तक्षेप करने की जरूरत क्यों पड़ी? उसने ऐसी वर्चस्वधर्मी परियोजना क्यों बनाई जिसके द्वारा 'बेहतर पश्चिम और बदतर पूर्व' के दावे को सार्वभौमिक रूप दिया जा सके? औपनिवेशिक संदर्भ में राजनीतिक-आर्थिक और सामाजिक-सांस्कृतिक क्षेत्रों में सत्ता-संबंधों के बीच यह जो जटिल अंतःक्रीड़ा चल रही थी, उसकी व्याख्या न तो 'तटस्थ राज्य' की उदारवादी अवधारणा से की जा सकती है और न ही 'वर्ग-राज्य' की कट्टरवादी अवधारणा से। औपनिवेशिक राज्य की वर्चस्वधर्मी परियोजनाओं, प्रक्रियाओं और उपकरणों में निहित तर्कों के विखंडन की पद्धति हमें ग्राम्शी का विश्लेषण ही मुहैया करता है। सुदीप्त कविराज ने इस मुद्दे को सही परिप्रेक्ष्य में पकड़ा है : "एक बार जब उपनिवेशवाद अपने आप को राज्य या राज्य की भ्रूणावस्था के रूप में स्थापित कर लेता है, तो उसके सामने अपने पक्ष में 'वर्चस्व केंद्रित' विमर्श रचने की समस्या खड़ी होती है" (कविराज, 1994, 43)।

इस तरह औपनिवेशिक राज्य, शासित समाज के ऊपर वर्चस्व कायम करने में जुट गया। उसके लिए यह ऐतिहासिक आवश्यकता थी, ताकि वह दो विरोधी सभ्यताओं की 'टकराहट' के बीच इस रूप में मध्यस्थता करे और स्थानीय आबादी को कायल करके इस बात के लिए राजी करे कि वह उसके मूल्यों और विचारों को अपना ले ताकि उनके शासन का सामाजिक प्रभुत्व कायम हो जाए। लेकिन औपनिवेशिक राज्य से वर्चस्व सध नहीं सका, क्योंकि उसकी जड़ें

उपनिवेशवाद के विदेशी शासन में ही धँसी थीं। भारत में औपनिवेशिक राज्य का उदय, देशी बुर्जुआ के 'प्रशासकीय उपकरण' के रूप में नहीं हुआ था। वह ऊपर से थोपी गई, ब्रिटिश उपनिवेशवाद की उपज थी, इसलिए उसके पास ऐसा समानांतर नागर समाज नहीं था, जो वर्चस्विता की रचना कर पाता। औपनिवेशिक राज्य का स्थायी असमंजस इसी बात में निहित था कि वह आधुनिक नागर समाज से विहीन आधुनिक राज्य था। यहाँ ग्राम्शी की टिप्पणी गौरतलब है कि "राज्य, राजनीतिक समाज और नागर समाज का गठजोड़ होता है, दूसरे शब्दों में, ऐसा वर्चस्व, जिसे बलप्रयोग के कवच तले सुरक्षित रखा जाता है" (ग्राम्शी, 1971, 262)। नागर समाज की अनुपस्थिति में औपनिवेशिक शासन बल-छल प्रयोग के बावजूद शासित समाज पर वर्चस्व स्थापित नहीं कर सकता था।

औपनिवेशिक राज्य के पास चूँकि वर्चस्व के क्षेत्र, यानी नागर समाज का अभाव था, इसलिए उसने इसके विकल्प पैदा करने शुरू किए। औपनिवेशिक राज्य ने इसलिए, स्थायी बंदोबस्त के रास्ते पैदा होने वाले जमींदार वर्ग, अंग्रेजी शिक्षा के माध्यम से जन्म लेने वाले मध्यवर्ग, और सैनिक दृष्टि से निर्भर देशी राजे-रजवाड़ों के साथ, अपने अनुकूल संधियाँ कीं। मैकाले के शब्दों में "व्यक्तियों का ऐसा वर्ग, जो रंग और रक्त में तो भारतीय हो परंतु रुचि, अभिमत, नैतिक मानदंडों और प्रतिभा के मामले में अंग्रेज हो" (खिलनानी, 2001, 43)। देशी अभिजात वर्ग के साथ औपनिवेशिक शासन का समझौता, नागर समाज के निर्माण के प्रयास का एक हिस्सा था, ताकि देशी समाज के दूसरे सामाजिक समूहों के ऊपर वह अपना नैतिक-राजनीतिक और बौद्धिक-नैतिक नेतृत्व स्थापित कर सके। एक उदाहरण प्रस्तुत है। पहली जनवरी, 1877 को रानी विक्टोरिया को भारत की सम्राज्ञी घोषित किया गया था। इस अवसर की पूर्व-संध्या पर गवर्नर-जनरल लॉर्ड लिट्टन ने शासन के समर्थक

इस स्थानीय अभिजात वर्ग के लोगों पर अपने वर्चस्व की संघटना के लिए एक 'शाही सभा' आयोजित की। इस सभा के सामने उन्होंने अपनी प्रतिक्रिया इन शब्दों में व्यक्त की, "भारतीय किसान वर्ग एक अकर्मण्य समुदाय है। अगर वह कभी सक्रिय हुआ भी तो हुक्मबरदारी की दिशा में होगा। किंतु यह हुक्मबरदारी अपने ब्रिटिश हितैषियों के प्रति नहीं होगी, बल्कि स्थानीय सरदारों और राजाओं के प्रति होगी, चाहे उनका व्यवहार कितना भी आततायी तथा तानाशाहीपूर्ण क्यों न हो" (कोहन, 1983, 191 द्वारा उद्धृत)। यानी ब्रिटिश शासन को एहसास हो गया था, कि वह चाहे जो प्रयास कर ले, गुलामी के बावजूद भारतीय आम-जन उसके शासन को सामाजिक-सांस्कृतिक तथा नैतिक-बौद्धिक सहमति देने को कतई तैयार नहीं था।

भारत में औपनिवेशिक राज्य के द्वारा जिस परिधीय पूँजीवाद की शुरुआत की गई, उसके कारण, बुनियादी 'संरचनात्मक' बदलाव के अभाव में भारत में उत्पादन और सत्ता के सामाजिक संबंध बिगड़ गए। जहाँ इंग्लैंड में औद्योगिक क्रांति के पश्चात्, समाज के हर क्षेत्र—राजनीति, अर्थव्यवस्था, संस्कृति, में साथ-साथ मौलिक परिवर्तन होने के पश्चात्—दो शताब्दियों में बुर्जुआ-पूँजीवादी व्यवस्था धीरे-धीरे परिपक्व रूप में उभरकर आई तथा उसके सुचारु रूप से संचालन के लिए आधुनिक राष्ट्र-राज्य का निर्माण हुआ वहीं, भारत में परंपरागत सामाजिक-सांस्कृतिक-संरचना में बिना किसी परिवर्तन के नई राजनीतिक-आर्थिक व्यवस्था थोप दी गई। अतएव भारत में एक साथ पूँजीवाद-पूर्व और पूँजीवादी सामाजिक संरचनाओं का सहअस्तित्व बना रहा। परिणामतः उपनिवेश में आधुनिक नागर समाज का विकास नहीं हो पाया। अतः ब्रिटिश राज्य के पास 'वर्चस्व के समानांतर क्षेत्र' यानी नागर समाज का अभाव रहा। इंग्लैंड के आधुनिक राष्ट्र-राज्य की अधीनस्थ शाखा के रूप में भारत में

औपनिवेशिक राज्य का निर्माण पूँजीवादी-बुर्जुआ-सभ्यता के उदय और विस्तार के संदर्भ में हुआ। देशी नागर और ग्रामीण सामाजिक-रचना का 'बुनियादी-संरचनागत' रूपांतरण न होकर विदेशी शासन की आवश्यकताओं के अनुरूप 'कर्मोपयोगी' परिवर्तन हुआ। कोलोनियल स्टेट ने भारतीय समाज, संस्कृति और अर्थव्यवस्था का आधुनिकीकरण सिर्फ अपने राज्य के हितों में किया, जिसके परिणाम हम आज भी भुगत रहे हैं। भारतीय समाज का मौलिक रूपांतरण न होकर 'कर्मोपयोगी' (फंक्शनल) रूपांतरण, अंग्रेजी हित में था। हमारे वर्तमान समाज की यही सबसे बड़ी त्रासदी है कि मध्य युग के पश्चात् अठारहवीं शताब्दी में (जो पूरे विश्व में औद्योगिक और आधुनिक क्रांति का युग था) हमारा प्रवेश स्वतंत्र समाज और राज्य के रूप में नहीं, वरन् कोलोनियल स्टेट की अधीनस्थ शाखा के रूप में हुआ। भारतीय सत्ता, समाज और संस्कृति का आधुनिक युग में प्रवेश, कोलोनियल स्टेट के अधीन होना, हमारी समकालीन सोच, संस्कृति और सभ्यता में व्याप्त विडंबनाओं और विरोधाभासों का मूल कारण है। भारत से बड़े पैमाने पर की गई लूट की वित्तीय सहायता से इंग्लैंड की औद्योगिक क्रांति फली-फूली। अपने यहाँ पूँजीवादी क्रांति और राज्य के 'विशाल बंदनवार' का निर्माण करने के लिए, इंग्लैंड की बुर्जुआजी ने अपने श्रमिक वर्ग को 'कुचल कर निर्जीव' बना दिया। औपनिवेशिक राज्य ने, भारत के स्थानीय अभिजात वर्ग के साथ ही साथ किसानों तथा जन-जातियों के द्वारा किए गए हर विद्रोह और आंदोलन का दमन कर दिया। इस तरह औपनिवेशिक राज्य का राजनीतिक-आर्थिक-सामरिक क्षेत्रों में प्रभुत्व तो स्थापित हो गया तथा शासित समाज में बुर्जुआ-पूँजीवादी व्यवस्था के मूल मंत्र—पूँजी, विवेकवाद, औद्योगीकरण, नौकरशाही, कानून का शासन भी रोप दिए गए। परंतु विदेशी होने की वजह से ब्रिटिश राज्य शासित समाज पर नैतिक-बौद्धिक वर्चस्व हासिल नहीं कर सका।

अध्याय तीन

औपनिवेशिक राष्ट्र-राज्य : उपनिवेशवाद (परतंत्रता) और अनौपनिवेशीकरण (स्वतंत्रता) का द्वंद्व

"अनौपनिवेशीकरण (डी-कॉलोनाइजेशन) कभी अलक्षित रूप में घटित नहीं होता, क्योंकि वह जन सामान्य को प्रभावित करता है और उनमें बुनियादी परिवर्तन लाता है। वह उन मूक दर्शकों को—जो अपने होने की अनावश्यकता के एहसास तले रौंदे पड़े रहते हैं,—ऐसे विशिष्ट अभिनेताओं में रूपांतरित कर देता है जो इतिहास के भव्य चमचमाते आलोक से आलोकित हो उठते हैं... अनौपनिवेशीकरण नए लोगों की खरी सृष्टि है, जिसमें औपनिवेशीकृत 'वस्तुएँ' उसी प्रक्रिया के दौरान जिसमें वे अपने को मुक्त करती हैं, 'वस्तु' से मनुष्य बन जाती हैं।"

फ्रैंज फेनों (1967, 28)

पिछले अध्याय में, बुर्जुआ-पूँजीवादी-व्यवस्था और आधुनिकता के विभिन्न आयामों अर्थात् व्यक्तिवाद (दुर्खीम), बौद्धिकता (वेबर),

पूँजी (मार्क्स) और वर्चस्व (ग्राम्शी) के महाआख्यान और राज्य की संघटना के अंतर्संबंधों का विश्लेषण-विवेचन किया गया। अब मैं इस मुद्दे पर विचार करूँगा कि राज्य अपने अस्तित्व और कार्यवहन की दृष्टि से कैसे क्षेत्रीय गुंजाइश हासिल करता है, यानी राज्य, राष्ट्र-राज्य का दर्जा हासिल कर लेता है। औपनिवेशिक संदर्भ में उपनिवेशवाद से टकराहट की स्थिति में उपनिवेश की सामाजिक-सांस्कृतिक-चेतना, राष्ट्र-राज्य के महाख्यान में प्रत्यक्ष आकार लेती है। 'राष्ट्र' की आधुनिक अवधारणा और 'भारत-माता' के देशज मुहावरे का एक-दूसरे से आमना-सामना होता है। वहीं आधुनिक 'राज्य' संबंधी अवधारणा, भारत के प्राचीन और मध्ययुगीन परंपरागत उप-महाद्वीपीय साम्राज्यों के मुहावरों से दो-चार होती है। औपनिवेशिक स्थिति में राज्य की जटिलता का कारण यह होता है कि एक तरफ वह ब्रिटिश साम्राज्य की उदीयमान बुर्जुआ की विकासमान शक्तियों का प्रतिनिधित्व करता है, तो दूसरी तरफ उपनिवेश में वह एक ऐसी एकतंत्रीय सत्ता होती है, जो देशी राजे-रजवाड़ों और जमींदारों की रूढ़िवादी शक्तियों के गठबंधन पर टिकी होती है। औपनिवेशिक राज्य के दोहरे चरित्र का यही कारण है। यही उसकी वर्चस्वधर्मी परियोजना के लिए सबसे गंभीर चुनौती है। इसी से राष्ट्रीय आंदोलन को यह उद्देश्य प्राप्त होता है, कि वह औपनिवेशिक राज्य के 'कानून के शासन, सभ्य बनाने के लक्ष्य, विकास और आधुनिकता' के वर्चस्वधर्मी दावों के पीछे छिपी औपनिवेशिक शोषण की मूल मंशा को उजागर करने की मुहिम चलाए।

देशी समाज की उपनिवेश-विरोधी चेतना ने अपनी प्रतिरोधी-वर्चस्वधर्मिता, को राजनीतिक-आर्थिक क्षेत्रों (जिसका प्रतीक बना 'स्वतंत्र राज्य' की माँग) के साथ सामाजिक-सांस्कृतिक क्षेत्रों (जिसका प्रतीक बना, 'स्वतंत्र राष्ट्र' की माँग) में भी मुखर किया।

राष्ट्र-रूपी 'कल्पित समाज' (एंडर्सन के शब्दों में) की अवधारणा ने, समाज के प्रभुत्वशाली तथा प्रभावहीन वर्गों को समान रूप से आकृष्ट किया, क्योंकि इसके तहत देशी समाज ने अपने 'हथिया लिए गए' राष्ट्र-राज्य की वापसी की परियोजना बनाई। समाज के सभी वर्ग भाषिक-सांस्कृतिक अस्मिताओं के आधार पर इस आंदोलन के लिए एकजुट हो गए। स्वतंत्र राष्ट्र-राज्य को इस प्रकार स्वतंत्र भारत में राष्ट्र की सुरक्षा तथा देश के विकास की एजेंसी के साक्षात् प्रतीक के रूप में देखा जाने लगा। इस तरह आधुनिक स्वतंत्र राष्ट्र-राज्य की अवधारणा ने, सामाजिक भेद-भाव से परे पूरे समाज की स्वीकृति हासिल कर ली। राष्ट्रीय स्वाधीनता आंदोलन ने, भारतीय राष्ट्रीय कांग्रेस के नेतृत्व में जनता को इसी आधुनिक चेतना के आधार पर संगठित किया। उपनिवेशवाद के विरोध के साथ राष्ट्रवाद की भावना ने, कांग्रेस पार्टी को नैतिक-राजनीतिक नेतृत्व प्रदान किया जिसके कारण उसने न केवल प्रभुत्वशाली वर्गों का नेतृत्व किया, बल्कि सामान्य जनता का प्रतिनिधित्व भी किया। इस तरह वह पूरे राष्ट्र की आवाज होने का दावा कर सकी। इस अध्याय में औपनिवेशिक राज्य की वर्चस्वधर्मी परियोजनाओं और प्रक्रियाओं के साथ राष्ट्रवादी आंदोलन की प्रतिरोधी-वर्चस्व की परियोजनाओं और प्रक्रियाओं की बहुआयामी अंतःक्रीड़ा का विवेचन किया जाएगा।

❑ उपनिवेशवाद : औपनिवेशिक राज्य की वर्चस्वधर्मी परियोजना के रूप में बुर्जुआ-व्यवस्था का संस्थानीकरण

भारत में ब्रिटिश राज जैसा भ्रष्ट और हिंसक शासन शायद ही विश्व में कोई रहा हो। इसकी जमीन और व्यापार संबंधी नीतियाँ ऐसी थीं जिन्होंने करोड़ों हिंदुस्तानियों को बर्बाद कर दिया और विश्व इतिहास के सबसे भयावह अकालों को जन्म दिया। औपनिवेशिक

शासन द्वारा नियुक्त गवर्नर जनरल को उपनिवेश में सर्वोच्च अधिकार प्राप्त थे। स्मिथ (1981) ने 'सिविल सर्विस' को गवर्नर जनरल का 'दायाँ हाथ' और 'सेना' को उसका 'बायाँ हाथ' कहा है। 1864 तक सिविल सर्विस पर सिर्फ अंग्रेजों का अधिकार था, जबकि कंपनी की सिपाही स्तर की सेना में यूरोपीय और भारतीय दोनों शामिल थे। ब्रिटिश भारत जिलों में विभाजित था। हर जिले में राजस्व की वसूली के लिए एक कलेक्टर, न्याय-व्यवस्था के लिए एक जज और कानून तथा व्यवस्था बनाए रखने के लिए एक पुलिस मजिस्ट्रेट की नियुक्ति की जाती थी। भारतीय राज्यक्षेत्र का लगभग एक तिहाई भाग 'कंपनी' पर निर्भर देशी रजवाड़ों के अधीन था। इनके काम में औपनिवेशिक राज्य दखलंदाजी नहीं करता था। अपनी सुरक्षा के लिए इन्हें ब्रिटिश शासन को भुगतान करना पड़ता था, और अपनी 'इज्जत' के लिए निजी सेना भी बनाए रखनी पड़ती थी। परंतु वास्तव में वे पूरी तरह 'राज' पर निर्भर थे। कंपनी (1765) और ताज (क्राउन) (1858) के बीच औपनिवेशिक राज्य की संरचना में कोई अंतर नहीं आया। राजस्व कलेक्टर, पुलिस के दारोगा और न्यायिक मजिस्ट्रेट, ग्रामीण समुदाय की सदियों से चली आ रही स्वायत्त जीवन-शैली में दाखिल हो गए। यह सब 'राजस्व' की 'सही' और 'बेइंतहा' वसूली के लिए जमीन की 'मपाई' के बहाने तथा वस्तुस्थिति की जाँच, सर्वेक्षणों और न्याय-व्यवस्था स्थापित करने के जरिए किया गया। इस क्रियाकलाप का कुल जमा परिणाम यह हुआ कि, धीरे-धीरे गाँव के बुजुर्गों के हाथों से सत्ता सरकार के एजेंटों के हाथों में चली गई। इस न्याय व्यवस्था की विडंबना देखिए। "मध्ययुगीन इंग्लैंड में सामंतीय न्यायालयों की तुलना में, बेहतर इंसाफ के लिए मुकदमे सरकारी न्यायालयों में आते थे, जबकि भारत में कंपनी शासन में नई कचहरियों की तरफ मुकदमे इसलिए आकर्षित होते थे, क्योंकि वहाँ खराब मुकदमों को जीतने के अवसर

अधिक मिलते थे'' (स्मिथ, 1981, 635)। इस तरह औपनिवेशिक राज्य ने 'कानून-व्यवस्था' स्थापित करने के बहाने दमनकारी और न्यायविरोधी बुर्जुआ व्यवस्था का संस्थानीकरण किया, और विकास और आधुनिकीकरण के नाम पर लोगों की रोजमर्रा की जिंदगी में हस्तक्षेप किया।

फूको (1981) ने कहा है कि जहाँ सत्ता होती है, वहीं उसका प्रतिरोध भी होता है। औपनिवेशिक परिप्रेक्ष्य में ब्रिटिश राज्य, प्रभुत्व का प्रतिनिधित्व करता है, जबकि राष्ट्रीय स्वाधीनता आंदोलन प्रतिरोध का। इसलिए औपनिवेशिक प्रभुत्व तथा राष्ट्रवादी प्रतिरोध की द्वंद्वात्मकता की गत्यात्मकता को समझने के लिए, औपनिवेशिक दमन और शोषण की तकनीकों की बारीकियों को समझना बहुत जरूरी है। उपनिवेशवाद किसी देश की जमीन पर महज भौगोलिक कब्जा करने का मसला नहीं होता वरन् वह दिन-प्रति-दिन देशी समाज के जीवन के हर पहलू के दमन का मसला होता है, जो औपनिवेशिक राज्य के रूप में संस्थानीकृत होता है। औपनिवेशीकरण शासित समाज के रग-रग में विष घोल देता है, जिसका असर स्वतंत्रता के दशकों बाद भी पूरी तरह नहीं मिट पाता है। सईद (1994), दर्क्स (1992) और कूपर तथा स्टोलर (1997) की हाल की रचनाओं में उपनिवेशवाद का सैद्धांतिक परीक्षण किया गया है। सईद और दर्क्स ने फेनों (1967) की मार्ग दर्शक रचना 'द रेचेड ऑफ द अर्थ' को, औपनिवेशिक दमन के विरुद्ध उपनिवेशितों के प्रतिरोध के संदर्भ में क्लासिक कृति माना है। पिछले दो दशकों में पश्चिमी विचारों के प्रभुत्व को चैलेंज करने वाले लेखकों (जैसे एडवर्ड सईद एवं सबआल्टर्न स्टडीज समूह के लेखक) के साम्राज्यवाद विरोधी आक्रमण के समक्ष, पश्चिमी लेखक भी उपनिवेशवाद पर लिखने को मजबूर हुए हैं, लेकिन उनका प्रयास अतीत में भुला दिए गए शोषण-अत्याचारों के परिप्रेक्ष्य में यह साबित करने का है कि

'पश्चिम' को भी पूरे विश्व में आधुनिक सभ्यता के प्रचार-प्रसार के लिए काफी 'टेंशन्स' से गुजरना पड़ा। एन स्टोलर और फ्रेडरिक कूपर की हाल में प्रकाशित पुस्तक 'टेंशन्स ऑफ एंपायर' में इसी पक्ष को उभारा गया है। कूपर और स्टोलर ने फेनों के योगदान को स्वीकार करते हुए, 'साम्राज्य' और 'उपनिवेश' की परस्पर-व्याप्ति, यानि 'साम्राज्यवाद के तनावों' के अध्ययन की आवश्यकता पर भी जोर दिया है।

ये सभी लेखक इस बात से सहमत हैं कि फेनों के द्वारा किए गए विश्लेषण से, उपनिवेशवाद को समझने की सबसे अधिक बेधक अंतर्दृष्टि मिलती है। फेनों (1967) ने उपनिवेशवाद की दुनिया की 'टोपोग्राफी' की रूपरेखा प्रस्तुत की, जिसमें जीवन कक्षों में बँटा रहता है। इनमें उपनिवेशियों के 'बंगले' और देशी लोगों के 'क्वार्टर' होते हैं, और साथ होता है देशी लोगों की हड्डियों में जमा पुलिस और सेना का आतंक और हिंसा। फेनों की नजर में उपनिवेशवाद का मतलब है राजनीतिक, सैनिक, सांस्कृतिक और मनोवैज्ञानिक—हर तरह की हिंसा, जिसका तख्ता सिर्फ उससे भी बड़ी हिंसा से पलटा जा सकता है। उन्होंने औपनिवेशिक शोषण के कारण देशी निवासी में होने वाली मनोवैज्ञानिक और सांस्कृतिक गिरावट पर से परदा उठाया। "औपनिवेशिक शोषण की एक या दो सदियाँ गुजरते-गुजरते राष्ट्रीय संस्कृति में निश्चित नपुंसकता आ जाती है...जनता की गरीबी, राष्ट्रीय दमन और सांस्कृतिक ह्रास सब इसी के परिणाम होते हैं" (फेनों, 1967, 191)।

फ्रैंज फेनों के उपरोक्त विश्लेषण को एक वास्तविक उदाहरण के परिप्रेक्ष्य में देखें तो दास्ताने गुलामी के सभी पहलू खुद-ब-खुद स्पष्ट हो जाते हैं। "ऊ दिन हम कबों न भुलाब, मनहूस दिन। हमारे मन मा झुठहूँ कै नहीं आवा कि हम कहीं कि हमरे बेटवा का माफी दई दिहो जाय-ऊ एकरे काबिलै नहीं रहा... हम दुखी

रहेन और सिक्ख लोग ई ताना मारि-मारि हमार पीरा और बढ़ाइन कि हम भगोड़ा हई। तबै हम गोली चलै कै आवाज सुनेन। हमरे बेटवा का अपने किहे कै इनाम मिलि गया! ओकरी आँखी मा डर नहीं रहा लेकिन हमार मन रहा कि ऊ लड़ाई मा मरा होत। मेजर के दया से हमैं अपने बेटवा कै किरिया-करम करै कै मौका मिलि गय। जेहलियन मा खाली वहीं कै किरिया-करम भय। बाकी कै लहास गिद्ध और सियारन खातिर जंगल मा फेंकि दिही गय।'' सूबेदार सीताराम (1999, 117)। यह विलाप है, सूबेदार सीताराम का, जिन्होंने 48 वर्ष (1812-1860) ब्रिटिश फौज के सिपाही के रूप में अंग्रेजी राज की गुलामी की। 1857 की क्रांति में भाग लेने के लिए अपने बागी बेटे के अपने सामने अंग्रेजों की गोली से उड़ा दिए जाने के वक्त भी उनका जमीर, गुलामी और दासता की मनोवृत्ति से नहीं उबर पाया। गौरतलब है कि सूबेदार सीताराम ने अपनी 'जीवनी' पेंशन पाते ही अवधी में 1861 में लिखी और लिखने के लिए 'प्रेरित' करने वाले उनके सैनिक अधिकारी जैम्स नारगेट ने 1863 में इस पुस्तक का अंग्रेजी में अनुवाद किया। इस जीवनी में शासित समाज के किसी तबके के प्रति कोई सहानुभूति नहीं है। 'नीचजतिया' पिंडारी हैं, जो लूटते-खसोटते हैं; नवाब, राजा और मुखिया इस 'लूट' के हिस्सेदार हैं; हिंदुस्तानी सिपाही अंग्रेजों का नमक खाने के बावजूद ताकत के मद में विद्रोह करते हैं; हिंदुस्तानी अफसर तो भ्रष्ट हैं ही। इस 'आत्मकथा' में सिख, मराठा, अफगानी, गुजराती सब लूट-मार करने वाले हैं और राक्षसों का राज फैलाए हुए हैं। मुसलमान तो शुरू से ही 'महान् ब्रितानी राज' के स्थान पर दिल्ली के बादशाह की हुकूमत वापस चाहते हैं। सीताराम को तत्कालीन भारतीय समाज में कुछ भी वर्णन योग्य नहीं लगता है। आश्चर्य नहीं कि उन्हें भी अंग्रेजों की तरह, शासित समाज सिर्फ 'कानून' और 'व्यवस्था' का विषय लगता है। किस तरह संथालों

के तीर या नेपालियों के बाणों के विद्रोह को अंग्रेजी तोपें कुचलती हैं, इसका वर्णन करते सूबेदार सीताराम फूले नहीं समाते। वर्षों की तनख्वाह न मिल पाने, कमिश्नर के दफ्तर से उठाकर फेंक दिए जाने और बेटे को गोली से भून दिए जाने की घटनाएँ भी इस 'गुलाम' में अंग्रेजी राज के मोह को कम नहीं कर पातीं।

1861 में अवधी में प्रकाशित इस पुस्तक का 1863 में अंग्रेजी अनुवाद होता है और 1910 में यह पुस्तक ब्रिटिश भारतीय सेना में भर्ती होने के इच्छुक सभी सिपाहियों के लिए अनिवार्य पाठ्यपुस्तक बना दी जाती है। लेकिन इस पुस्तक और इसके लेखक के बारे में उनके 'तिलोई' गाँव में ही कोई नहीं जानता। आश्चर्य! इस देश में जहाँ सैकड़ों वर्षों बाद 'बिरसा मुंडा' या 'भिखारी ठाकुर' के किस्से गाँव-गाँव में सुने जाते हैं, वहाँ सच ही है कि अंग्रेजी राज के एक पिट्ठू को 'पांडे वाले गाँव' तिलोई में भी कोई नहीं जानता। सीताराम पांडे के शब्दों में, पुस्तक के लिखे जाने के वक्त (1861) ब्रिटेन पूरे दुनिया का राजा बन चुका होता है। उपनिवेशवाद के चरम के वक्त अवधी में प्रकाशित पुस्तक का भूमंडलीकरण या नव-साम्राज्यवाद के उत्कर्ष (1999) में पुनः अवधी में प्रकाशन सोचने पर मजबूर करता है। 1861 में सेवानिवृत्त होते ही, अपने सैनिक अधिकारी की 'प्रेरणा' से लिखित सीताराम सूबेदार की, ब्रिटिश शासकों के गुणगान एवं भारतीय समाज के तिरस्कार से भरपूर 'जीवनी', सैनिक और आर्थिक प्रभुत्व स्थापित करने के पश्चात् कोलोनियल स्टेट द्वारा, भारतीय समाज के ऊपर बौद्धिक एवं नैतिक वर्चस्व (हेजेमनी) स्थापित करने का एक और प्रयास था। कभी-कभी यह शक भी होता है कि सीताराम सूबेदार नाम का कोई व्यक्ति रहा ही न हो और अंग्रेजों ने शासित समाज में राजभक्ति पैदा करने के लिए इसे लिख डाला हो। आखिर हिटलर, ख्रुश्चोव और माओ के डॉक्टर की डायरियाँ इसी तरह तैयार की गई थीं।

सूबेदार सीताराम पांडे की औपनिवेशिक मानसिकता का मनोविश्लेषण फ्रैंज फेनों की अंतर्दृष्टि से ही संभव हो सकता है। व्यापारिक दौर से आरंभ साम्राज्यवाद की कार्यप्रणाली के, पूरे ढाँचे पर विचार करके फेनों ने यह स्पष्ट किया है कि, यूरोप की औद्योगिक क्रांति के लिए सस्ता कच्चा माल, मजदूर और बाजार मुहैया कराने के उद्देश्य से उपनिवेशों का शोषण कैसे किया गया। इसी औपनिवेशिक शोषण के परिप्रेक्ष्य में फेनों की पुस्तक 'द रेचेड ऑफ द अर्थ' की भूमिका में फ्रांसीसी दार्शनिक तथा साहित्यकार ज्यां पाल सार्त्र ने घोषणा की थी कि "प्रथम विश्व के देशों को तीसरी दुनिया ने पैदा किया है।" आज हम जिस उत्तर-औपनिवेशिक दुनिया में रहते हैं उसमें 'बुर्जुआ बौद्धिकता' को यह बात बड़ी भयावह लग सकती है ('देशी आदमी के लिए वस्तुनिष्ठता हमेशा उसके विरोध में होती है', फेनों, 1967, 61) कि फेनों ने उपनिवेशवाद के जुए से मुक्त होने के माध्यम के रूप में हिंसा की वकालत, उसे एक मानवीय बनाने वाली शक्ति कहकर की है। कुछ लोग ऐसे विश्लेषण पर यह एतराज उठा सकते हैं कि यह उपनिवेशवाद को 'सहज बनाने' का तरीका है। लेकिन 1857 के विद्रोह, 1919 के जालियांवाला बाग नरसंहार और 1942 में भारत छोड़ो आंदोलन जैसी घटनाओं में ब्रिटिश शासन द्वारा किए गए जनसंहार को 'समझने' के लिए, फेनों का विश्लेषण बहुत महत्त्वपूर्ण है।

जालियाँवाला बाग नरसंहार पर जरा एक नजर डालें। 13 अप्रैल 1919 को अमृतसर के जालियाँवाला बाग के बंद अहाते के भीतर आसपास के गाँववालों का एक निहत्था तथा शांत समूह एकत्रित हुआ था। उन्हें इस बात की कोई भनक नहीं थी कि, एकत्रित होने पर किसी तरह का कोई प्रतिबंध था। जनरल डायर ने अचानक उनके ऊपर आक्रमण कर दिया। सरकारी अनुमानों के अनुसार 379 लोगों ने अपनी जानें गँवाईं, जबकि गैर सरकारी अनुमानों के अनुसार

मरने वालों की संख्या कहीं ज्यादा थी। हंटर आयोग के सामने पेश डायर को सिर्फ इस बात का खेद था कि, गोला-बारूद जल्द खत्म हो गए और सँकरी गली की वजह से वह और गोला-बारूद, के लिए हथियारबंद गाड़ियाँ भीतर नहीं ला सका ताकि भारतीयों पर 'अपनी अमिट छाप' छोड़ जाता! जालियाँवाला बाग का जघन्य नरसंहार, भारत के स्वतंत्रता आंदोलन का निर्णायक मोड़ साबित हुआ। इसके फलस्वरूप सुधारवादी भी क्रांतिकारी बन गए। औपनिवेशिक राज्य के 'प्रशासन के भारतीयकरण' के सुधार कार्यक्रम भी इसके बाद ठंडे-ढीले पड़ गए। उस समय के युद्ध के ब्रिटिश मंत्री विंस्टन चर्चिल तक ने इसे भयानक तथा आतंकित करनेवाली घटना कहा था। उन्होंने माना था कि यह भयानक घटना थी क्योंकि लोगों का नरसंहार इसलिए किया गया था ताकि शेष लोग ही नहीं पूरा प्रदेश, सारा देश आतंकित हो जाए। जनरल डायर ने जान-बूझकर निहत्थे लोगों पर आक्रमण किया था और यह जानते हुए भी कि वे लोग बंद अहाते से बाहर निकल नहीं सकते थे, उसने गोलियाँ बरसानी बंद नहीं की थीं। उपनिवेशवाद की हिंसात्मक कार्यप्रणाली को जो दमन का निकृष्टतम रूप था, इस ऐतिहासिक पृष्ठभूमि में देखकर ही, औपनिवेशिक शासन के विरुद्ध स्वतंत्रता आंदोलन में अनपढ़ और गरीब जनता की बगावत को समझा जा सकता है। उन्नीसवीं-बीसवीं शताब्दी के दौरान, किसानों और जन-जातियों द्वारा किए जाने वाले विद्रोह तथा 1942 के 'भारत छोड़ो' आंदोलन, दमनकारी औपनिवेशिक सत्ता को, सामान्य जनता के द्वारा पूरी ताकत से उखाड़ फेंकने के संकल्प की अभिव्यक्तियाँ थे। ताकि आम जनता इस प्रक्रिया में अपने उपनिवेशित वजूद से मुक्ति और अपनी प्रामाणिक मानवीयता हासिल कर सके।

उन्नीसवीं शताब्दी के मध्य तक औपनिवेशिक राज्य ने 'राज' के रूप में पूरी व्यवस्था का रूप अख्तियार कर लिया था। "जहाँ

कोई स्थानीय, संसदीय नियंत्रण नहीं होता, वहाँ प्रशासकीय सत्ता निर्बाध रूप में बहुत व्यापक पैमाने पर आम जन जीवन में दखल देने लगती है... इन्हीं की वजह से उपनिवेशवाद एक पूरी 'व्यवस्था' का रूप ग्रहण कर लेता है" (स्मिथ, 1983, 28)। अतएव अपनी कार्यवाहियों, फैसलों, नीतियों और कार्यक्रमों के कारण औपनिवेशिक राज्य ने, राष्ट्रीय आंदोलन के लिए ठोस संदर्भ प्रस्तुत किया जो जन-प्रतिरोध तथा जन-आंदोलनों का केंद्रबिंदु बना। राष्ट्रीय स्वतंत्रता आंदोलन ने ब्रिटिश साम्राज्य के दमन के खिलाफ, विभिन्न सामाजिक समूहों का बहुवर्गीय राजनीतिक संगठन प्रस्तुत करके, उसके प्रभुत्व के प्रतिपक्ष में प्रतिरोध का वर्चस्व स्थापित करने का प्रयास किया।

❑ अनौपनिवेशीकरण : उपनिवेशवाद-विरोधी राष्ट्रवाद की प्रतिरोधी-वर्चस्व की परियोजना

भारत ने अतीत में अनगिनत हमलों का सामना किया था, पर उन हमलावरों को समाज की समन्वयवादी संरचना में शामिल कर लिया गया था। उनमें से बहुतों को भारत की बहुलतावादी जातीय-संरचना में एक नई जातीय हैसियत दे दी गई थी। लेकिन देशी समाज के साथ औपनिवेशिक मुठभेड़ का स्वरूप अतीत में हुए आक्रमणों से पूरी तरह अलग था। इनका जोर नस्लवाद, विदेशीपन और रंग-भेद बनाए रखने पर था। नस्लीय भेदभाव का नतीजा हुआ—उपनिवेशक और उपनिवेशित, गोरे और काले, आधुनिक और परंपरावादी, पश्चिम और पूर्व, यानी 'अन्य' की अवधारणा पर आधारित विशाल द्विभाजन। इस तरह औपनिवेशिक मुठभेड़, राजनीतिक-आर्थिक और सामाजिक-सांस्कृतिक, कलह का कारण बनी और अलग-अलग सामाजिक समूहों पर उसका प्रभाव भी अलग-अलग ढंग से पड़ा। सामान्य जनता आक्रामक और हिंसक रवैया अपनाकर औपनिवेशिक

व्यवस्था को उखाड़ फेंकना चाहती थी, क्योंकि ब्रिटिश शासन ने उनके सामुदायिक जीवन और परंपरागत समाज-व्यवस्था को तबाह कर दिया था। औपनिवेशिक शासन के प्रति शिक्षित मध्य वर्ग का रुख दुविधापूर्ण था, क्योंकि उन्हें नौकरशाही में, अफसरों के मातहत नौकरियों का लाभ मिल गया था। परंतु ब्रिटिश प्रशासन के रंग-भेद तथा नस्लवादी रवैये ने औपनिवेशिक शासन के साथ इन लोगों को एकात्म नहीं होने दिया था। पाँच सौ के लगभग रजवाड़ों और नए जमींदार वर्ग ने औपनिवेशिक शासन के साथ तादात्म्य स्थापित कर लिया था।

औपनिवेशिक शासन के खिलाफ पहला बड़ा प्रतिरोध, 1857 के सैनिक विद्रोह और सिविल क्रांति के रूप में सामने आया, जिसे भारतीय स्वाधीनता आंदोलन की पहली लड़ाई भी कहा जाता है। इस क्रांति का नेतृत्व पुराने सामंत सरदारों ने किया जिनमें हिंदू और मुसलमान दोनों शामिल थे। इनके अलावा दोनों धर्मों के किसानों और भारतीय सेना के सिपाहियों ने भी इस विद्रोह में सहयोग दिया। विद्रोह का सूत्रपात मेरठ से हुआ और उसके बाद यह पूरे उत्तरी और मध्य भारत में फैल गया। रानी लक्ष्मीबाई, ताँत्या टोपे, नाना साहब, बाबू कुँअर सिंह, बख्त खान के साथ विद्रोह के दूसरे नेताओं ने, मुगल बादशाहत के आखिरी प्रतीक बहादुरशाह जफर को दिल्ली के तख्त पर बैठाने की कोशिश की। यह विद्रोह लगभग एक वर्ष चलता रहा पर, आखिर में औपनिवेशिक ताकत की बेहतर सैनिक शक्ति ने इसको कुचल दिया। 1857 में जो हुआ, वह एक नई राजनीतिक-सामाजिक व्यवस्था के लिए क्रांति नहीं थी। यह ब्रिटिश शासन से तंग आए लोगों का विद्रोह था। इस विद्रोह के पीछे कोई सुनियोजित योजना नहीं थी। अंग्रेजों ने गाँव के गाँव ध्वस्त कर दिए। कहा जाता है कि केवल अवध में डेढ़ लाख लोगों को मार डाला गया। तोपों के गोलों से ढेरों लोग भून दिए गए। हजारों को

सड़क के किनारे पेड़ों पर लटकाकर मार डाला गया। ब्रिटिश जनरल नील के बारे में कहा जाता है कि उसने इलाहाबाद से कानपुर के रास्ते में पेड़ों पर लटकाकर इतने लोगों को मार डाला कि सड़क किनारे कोई पेड़ नहीं बचा था जो फाँसी का तख्ता न बन गया हो। इसका ऐतिहासिक पुनरावलोकन करते हुए जवाहर लाल नेहरू ने कहा है, "दुनिया को अमृतसर और जालियाँवाला बाग के बारे में जानकारी है, लेकिन वह नहीं जानती कि गदर (विद्रोह) के दिनों से और क्या-क्या होता रहा है... साम्राज्यवाद और रंगभेद सिर्फ संत्रास पैदा कर सकते हैं और अंततः जो लोग इससे जुड़े होते हैं उनका पतन ही होता है... इस शासन की पूरी विचारधारा... स्वामी और गुलाम की नस्लवादी मानसिकता पर आधारित थी, और सरकार की बनावट उसी पर टिकी थी... पीढ़ी दर पीढ़ी, और साल दर साल, राष्ट्र के रूप में भारत, और व्यक्तियों के रूप में भारतीयों को अपमानित और जलील किया गया... ऐसी स्थिति में, नतीजा चाहे जो होता, पर हमारे लोग इस तरह के दुर्व्यवहार को बर्दाश्त करें, इसके बजाय मैं किसी भी रूप में किए जाने वाले प्रतिरोध का पक्ष लेता" (नेहरू, 1981, 326)।

जैसे-जैसे समय गुजरता गया उपनिवेशवाद के प्रतिरोध का संकल्प और दृढ़ होता गया। 1857 का विद्रोह, बहुत व्यापक तो था, किंतु वह मूलतः उपनिवेश विरोधी प्रतिरोध था। आधुनिक अर्थ में उसका चरित्र राष्ट्रीय नहीं था। लेकिन भारत के अनौपनिवेशीकरण के इतिहास में यह क्रांति बहुत बड़ा मील का पत्थर साबित हुई। उपनिवेशक और उपनिवेशित के बीच जो शासक-शासित का रिश्ता था, उसमें बुनियादी अंतर आ गया। 1857 के प्रतिरोध ने उपनिवेशवाद के आर्थिक, राजनीतिक और मनोवैज्ञानिक परिणामों के बारे में जातीय चेतना जाग्रत कर दी। साथ ही अपनी इस योग्यता में भरोसा भी कि, ठीक से संगठित होकर उसे उखाड़ फेंका जा सकता है।

पाश्चात्य शिक्षा ने, शिक्षित मध्य वर्ग को पहले ही फ्रांसीसी क्रांति के आदर्शों से परिचित करा दिया था। राजा राममोहन राय जैसे समाज सुधारक, पहले से ही लोगों में सामाजिक चेतना जाग्रत कर रहे थे। वे उपनिषदों जैसे देशी साहित्यिक विरासत का हवाला देते हुए विवेकसम्मत विचारों का प्रचार-प्रसार कर रहे थे। उन्होंने 1828 में ब्रह्म समाज की स्थापना की। सती और बाल विवाह जैसी प्रथाओं के उन्मूलन की दिशा में समाज-सुधार के कार्य किए। दयानंद सरस्वती ने वेदों पर आधारित विश्व-दृष्टि के प्रचार-प्रसार के उद्देश्य से 1875 में आर्यसमाज की स्थापना की। रामकृष्ण परमहंस और उनके शिष्य विवेकानंद, ने भक्ति का उपदेश देकर जनता में सामाजिक-सांस्कृतिक और धार्मिक पुनरुज्जीवन के लिए जातीय चेतना जाग्रत की। सैयद अहमद खान ने मुसलमानों में आधुनिक शिक्षा के प्रचार-प्रसार के लिए अलीगढ़ में ऐंग्लो-अरेबिक महाविद्यालय की स्थापना की। उल्लेखनीय है कि उन्नीसवीं-बीसवीं शताब्दी में हुए बंगाल नवजागरण के प्रणेता राजा राममोहन राय, माइकेल मधुसूदन दत्त, विवेकानंद, बंकिम, टैगोर, ये सभी पश्चिमी विचारों से प्रभावित अवश्य थे, लेकिन उन्होंने भारतीय सभ्यता, परंपराओं के अनुसार उनका भारतीयकरण किया। मधुसूदन दत्त ने जहाँ नई भाषा ईजाद की, वहीं बंकिम ने भारत में उपन्यास लेखन विधा की शुरुआत की, लेकिन इस पश्चिमी साहित्यिक विधा को उन्होंने बंगाल की 'सूत्रधार' की परंपरा में पिरो दिया। टैगोर ने जयदेव तथा विद्यापति की परंपराओं से अपने साहित्य को जोड़ा। विवेकानंद ने सक्रिय मानवीय धर्म की स्थापना की और धर्म की कुरीतियों की आलोचना की। छापेखाने की आधुनिक तकनीक की सहायता से शिक्षित मध्य वर्ग इस तरह परंपरा और आधुनिकता के समन्वय में सक्रिय हो गया। इसके लिए उन्होंने भारत के औपनिवेशीकरण के कारणों की बौद्धिक और सांस्कृतिक व्याख्या की, तथा आधुनिकता

के आख्यानों को देशी मुहावरों में ढालकर आधुनिकता के भारतीयकरण की प्रक्रिया की शुरुआत की।

1857 के प्रतिरोध की विफलता से होने वाले अनुभवों ने यह याद दिला दिया था कि आधुनिक ढंग के प्रभुत्व, अर्थात् उपनिवेशवाद, का मुकाबला, आधुनिक ढंग के प्रतिरोध यानि राष्ट्रवाद से ही किया जा सकता है। औपनिवेशिक प्रभुत्व से टकराने के लिए भारतीय जनता को इस ऐतिहासिक सच्चाई से अवगत होना जरूरी था। 1885 में इंडियन नेशनल कांग्रेस की स्थापना स्वतंत्र राज्य की दिशा में राष्ट्र का नेतृत्व करने के लिए राजनीतिक संगठन के रूप में हुई। यह विडंबना ही कही जाएगी कि, इसकी स्थापना के पीछे यह विचार था कि औपनिवेशिक शासन के विरुद्ध जो व्यापक असंतोष बढ़ रहा था, यह संगठन उसे रोकने के लिए सुरक्षा 'वॉल्व' का काम करेगा। ''1857 के बाद से कांग्रेस की स्थापना के जरा पहले तक के वर्ष सबसे ज्यादा खतरनाक थे। उन बड़ी और आगे बढ़ती हुई शक्तियों के लिए, जिनका जन्म हमारे अपने कर्मों से हुआ था, बच निकलने के लिए एक सुरक्षा वॉल्व की तत्काल जरूरत थी और हमारे कांग्रेसी आंदोलन से बेहतर सुरक्षा वॉल्व और क्या हो सकता था?'' (ए. ओ. ह्यूम, इंडियन नेशनल कांग्रेस के प्रथम सभापति, पामदत्त, 1940, 283, पर उद्धृत)। इस तरह कांग्रेस की उत्पत्ति जिस ऐतिहासिक परिप्रेक्ष्य में हुई, उससे उसमें 'सहयोग और प्रतिरोध' की दुहरी प्रवृत्ति पैदा हो गई। पार्टी के भीतर बुर्जुआ तत्त्वों ने बातचीत के द्वारा प्रशासन में संगठनात्मक सुधारों और भारतीयकरण की माँग की, जबकि प्रगतिशील तत्त्वों ने आत्मनिर्णय के अधिकार यानी 'स्वराज' के लिए आंदोलन किया।

ब्रिउली (1982, 2), ने राष्ट्रवाद के सवाल को राजनीति और राज्य के व्यापक संदर्भ में रखकर देखा है, ''राष्ट्रवाद, कुल मिलाकर, सबसे पहले राजनीति का सवाल है, और उस राजनीति का मतलब

सत्ता से है। आधुनिक संसार में सत्ता का बुनियादी संबंध राज्य के नियंत्रण से है"। इस तरह राष्ट्रवाद का विकास, स्वतंत्र राज्य के निर्माण की माँग से संबद्ध है। मंक (1986) ने इस संबंध में बर्खोव के मत का विवेचन किया है। बर्खोव के अनुसार जैसे, 'उत्पादन के संबंध' सामाजिक या वर्ग-चेतना का निर्माण करते हैं, उसी तरह 'उत्पादन की स्थितियाँ' राष्ट्रीय चेतना या राष्ट्रवाद का निर्माण करती हैं। "राष्ट्रवाद, राष्ट्र की भौतिक संपत्ति पर नियंत्रण हासिल करने का आंदोलन है, जिसके तहत 'उत्पादन की स्थितियों' में निहित सामाजिक संपत्ति की वापसी हो सके।" (मंक, 1986, 43)। अतः औपनिवेशिक शासन के प्रतिरोध में सामाजिक चेतना की तुलना में राष्ट्रीय चेतना अधिक जाग्रत होती है। क्योंकि सभी वर्गों की निश्चित रुचि, खोए हुए 'राष्ट्रत्व' की पुनः प्राप्ति में होती है, ताकि 'मुक्त' उत्पादन की स्थिति हासिल की जा सके। इस पृष्ठभूमि में, उस उपनिवेश-विरोधी राष्ट्रवाद को बेहतर समझा जा सकता है, जिसका उदय भारत में 19वीं शताब्दी के पिछले दौर में हुआ और 20वीं शताब्दी के आरंभ में जिसने प्रखर रूप धारण कर लिया। उदीयमान भारतीय बुर्जुआ, उस राष्ट्रीय आंदोलन का एक हिस्सा इसलिए था, ताकि ब्रिटिश शासन से स्वतंत्रता की स्थिति में उसका मुक्त पूँजीवादी विस्तार हो सके। शिक्षित मध्य वर्ग, राजनीतिक-बौद्धिक नेतृत्व और व्यावसायिक विस्तार की आस लगा रहा था, और हाशियाई समुदाय और वर्ग, 'सरकार, साहूकार और जमींदार' की तत्कालीन शोषक त्रिमूर्ति के शोषण से निजात पाना चाहते थे।

'उत्पादन की स्थितियों' से वंचित देशी आबादी में 'मुक्ति' पाने की जागरूकता पैदा होने लगी। नतीजतन सामाजिक चेतना की तुलना में 'राष्ट्रीय' चेतना अधिक प्रबल हुई। औपनिवेशिक राज्य को, सिर्फ राष्ट्रीय स्वाधीनता आंदोलन की 'प्रतिरोधी जन-प्रभुत्व' के द्वारा ही चुनौती दी जा सकती थी। यह आंदोलन राजनीतिक-आर्थिक

के साथ-साथ सामाजिक-सांस्कृतिक दोनों क्षेत्रों में प्रतिरोधी भूमिका निबाह सका था। ग्राम्शी ने (1971, 349) ऐसी 'सामाजिक-सांस्कृतिक एकता' के महत्त्व पर बल दिया है, जिसके द्वारा बिखरे हुए, तमाम प्रतिरोध जिनके लक्ष्य भी अलग होते हैं, एक बड़े लक्ष्य को सामने रखकर एक हो जाते हैं, ताकि यथार्थ का एक समान आकलन हो सके। गुलामी से मुक्ति पाने के क्रम में पूरे देश में 'सामाजिक-सांस्कृतिक एकता' के आधार पर राष्ट्रवाद का विकास हुआ, जिसने साथ ही साथ औपनिवेशिक शासन को राजनीतिक-आर्थिक क्षेत्रों में भी चुनौती दी। इस तरह स्वतंत्र राष्ट्र-राज्य, राष्ट्रवादी आंदोलन की उपनिवेश-विरोधी प्रतिरोधी-वर्चस्व या जन-वर्चस्व की परियोजना बन गया। यहाँ इस बात की तरफ इशारा करना जरूरी है, कि निरंकुश-शासन के तख्ता-पलटने की क्रांतिकारी घटना के बाद राष्ट्र-राज्य का जो फ्रांसीसी मॉडल सामने आया, उसे तरह-तरह के संयोजनों में दूसरे देशों में लागू किया गया, पहले यूरोप में, और उसके बाद दुनिया के दूसरे देशों में। गोकि यह नहीं कहा जा सकता कि कहीं भी जनता के पूरे जीवन को अपनाकर, इसने 'राष्ट्र-राज्य' के अर्थ में आदर्श रूप सिद्ध कर लिया हो। पर इतना तो कहा ही जा सकता है कि, बुर्जुआ सभ्यता के आधुनिक युग में राष्ट्रीय मुक्ति और आत्मनिर्णय के अधिकार के लिए किए जाने वाले आंदोलनों के लक्ष्य के रूप में, राष्ट्र-राज्य केंद्रबिंदु बनकर उभरा है। ग्राम्शी के अनुसार प्रभुत्वशाली वर्ग के लिए 'राष्ट्रीय स्तर पर लोकप्रिय वर्ग' का दर्जा हासिल करने के लिए यह जरूरी था कि वह दूसरे सामाजिक समूहों पर राजनीतिक, नैतिक, और बौद्धिक नेतृत्व यानी वर्चस्व हासिल करे। सामाजिक, भाषायी, और सांस्कृतिक संसक्ति के रूप में व्यक्त राष्ट्रवाद या राष्ट्रीय चेतना और 'राष्ट्र-राज्य' की अवधारणा, भारतीय राष्ट्रीय कांग्रेस की वर्चस्वधर्मी विचारधारा बनकर उभरी तथा उसे 'राष्ट्रीय स्तर पर लोकप्रिय' नेतृत्व का दर्जा हासिल हुआ। राष्ट्र-राज्य

के संदर्भ में उत्पादन की मुक्त स्थितियों की वापसी के लिए राष्ट्रीय सवाल ने सभी वर्गों और सामाजिक समूहों को विभिन्न ठोस हितों के लिए इस परियोजना में शामिल कर लिया।

❑ प्रतिरोधी जन-वर्चस्व : उपनिवेशवाद के प्रभुत्व तथा राष्ट्रवाद के प्रतिरोध की द्वंद्वात्मकता

उन्नीसवीं शताब्दी में देशी राजाओं, सामंत सरदारों, किसानों और जनजातियों द्वारा किए गए सभी विद्रोहों, और क्रांतियों का स्वरूप स्थानीय और पूर्व-आधुनिक था। ये प्रतिरोध शोषक विदेशी औपनिवेशिक शासन का विरोध भर कर पाए, उसके शासन को चुनौती नहीं दे सके। ये प्रतिरोध न आधुनिक थे और न ही राष्ट्रीय। अतएव उन्नीसवीं शताब्दी का अंत होते-होते देशी समाज का शिक्षित वर्ग, परंपरा और आधुनिकता के द्वंद्व को समझने-सुलझाने में व्यस्त हो गया। देशी बुद्धिजीवियों ने राजनीतिक-आर्थिक क्षेत्रों में औपनिवेशिक-शासन की भौतिक उत्कृष्टता तो स्वीकार की, पर वे सामाजिक-सांस्कृतिक और बौद्धिक-नैतिक क्षेत्रों में अपनी उत्कृष्टता का दावा वेदों, उपनिषदों, महाभारत और रामायण तथा प्राचीन भारतीय कला और संस्कृति की विरासत के माध्यम से करने लगे। आधुनिकता और परंपरा के इस द्वंद्व का समाधान 20वीं शताब्दी में विवेकानंद, टैगोर, तिलक, अरविंद, भारती, इकबाल और गाँधी की अवधारणाओं में ही हो पाया। प्रतिरोध की इस देशी विचारधारा की पहली राजनीतिक अभिव्यक्ति, बंग-विभाजन के विरुद्ध 1905-08 के स्वदेशी आंदोलन में हुई। स्वदेशी आंदोलन की सफलता के बाद, राष्ट्रवादी आंदोलन की उपनिवेश-विरोधी प्रतिरोधी-वर्चस्व की परियोजना और अधिक आत्मविश्वास के साथ, आधुनिक विषयवस्तु को देशी

मुहावरों में अभिव्यक्त कर होने लगी। इस प्रकार राष्ट्रवादी आंदोलन, औपनिवेशिक राज्य के बरक्स राजनीतिक-आर्थिक और सामाजिक-सांस्कृतिक सभी पहलुओं पर प्रतिरोधी जन-आंदोलन बन गया। वर्चस्वधर्मी प्रतिरोध को सक्रिय रूप देने के लिए आधुनिक मुहावरों का देशीकरण किया गया, ताकि वे किसानों और कामगारों की समझ में आ सकें। 'जन-राष्ट्र' के विचार को 'हिंदुस्तान हमारा', 'वंदे-मातरम्' और 'भारत-माता' के रूपकों में व्यक्त किया गया। जबकि आधुनिक 'राष्ट्र-राज्य' को 'स्वराज्य' और 'रामराज्य' के देशी रूपकों में प्रस्तुत किया गया। विदेशी माल के सामाजिक बहिष्कार और स्वदेशी के आंदोलन, भारत में विदेशी पूँजी की घुसपैठ का विरोध और देशी उद्योगों की सुरक्षा की माँग के आंदोलन बन गए।

महात्मा गाँधी ने देशी मुहावरों और विचारधारा के एक पूरे नए विमर्श को जन्म दिया। वे अहिंसा, सत्याग्रह और चर्खे के आदर्शों का आह्वान करते हुए किसानों की भाषा बोलते थे। अहिंसा की विचारधारा, औपनिवेशिक शासन के 'राज' के द्वारा देशी जनता के दैनंदिन जीवन में की जाने वाली हिंसा की नैतिक मीमांसा थी। उस हिंसा की, जो 1857 की क्रांति, 1919 के जालियाँवाला बाग तथा 1942 के भारत छोड़ो आंदोलन के दौरान हुए जनसंहारों में दिखाई पड़ी। चर्खा, 'राज' को बराबर इस बात की याद दिलाता था कि उसने देशी कपड़ा और हस्तशिल्प उद्योगों को नष्ट किया है। लोगों को उनके वास्तविक जीवन के निकट होने के कारण वह तत्काल अपील करता था। चर्खे की लोकप्रियता, औद्योगिक पूँजी के वर्चस्व के दावों के विरुद्ध पारंपरिक हस्तशिल्प के प्रतिरोधक-प्रतीक के रूप में हुई। सत्य की खोज के रूप में सत्याग्रह तथा अवज्ञा आंदोलन अवैध विदेशी औपनिवेशिक आधिपत्य की मीमांसा थी। पंचायत, स्थानीय आत्मनिर्भर ग्राम्य-समुदाय की स्वायत्त जीवन शैली की ओर वापसी का आह्वान था। इस तरह महात्मा गाँधी द्वारा किया

गया हर राजनीतिक कार्य अपने पीछे कोई न कोई संदेश-प्रतीक लिए हुए था। इन सब राजनीतिक कार्यवाहियों के पीछे देशज नैतिक-सांस्कृतिक मूल्य छिपे होते थे। महात्मा गाँधी ने जान लिया था कि विश्व के सबसे शक्तिशाली ब्रिटिश-साम्राज्य का सैनिक मुकाबला करना असंभव था। अतएव उन्होंने साम्राज्य के नैतिक-बौद्धिक आधार को चुनौती दी। जिसके लिए उन्होंने देशी सामाजिक-सांस्कृतिक प्रतीकों की भाषा ईजाद की, जो जन-जन तक लोकप्रिय हो सकी। उदाहरण के लिए 12 मार्च 1930 को नमक आंदोलन के लिए साबरमती आश्रम से दांडी मार्च पर जाने के वक्त उन्होंने भारत के वाइसराय लार्ड इर्विन को लिखा : "नमक पर लगाए कर को, मैं भारत के गरीब आदमी के दृष्टिकोण से सर्वथा अन्यायपूर्ण मानता हूँ। चूँकि स्वतंत्रता आंदोलन इस देश के सबसे गरीब व्यक्ति के लिए है, इसलिए मैं इस अन्याय का प्रतिरोध करूँगा।" आम भारतीय की भागीदारी में नमक आंदोलन उत्पादन के अपहृत स्रोतों की वापसी का जन-आंदोलन बन गया तथा अभी तक प्रशासनिक-राजनीतिक सुधारों के लिए चल रहा स्वतंत्रता आंदोलन आर्थिक-स्वतंत्रता हासिल करने का आंदोलन भी बन गया। इस आंदोलन में 60,000 'राजनीतिक अपराधियों' को बंदी बनाया गया। इस तरह इस एक आंदोलन ने देश भर में हजारों आंदोलनों को जन्म दिया।

इस तरह गाँधी के नेतृत्व में स्वतंत्रता आंदोलन ने 'सामाजिक-सांस्कृतिक एकता' के आधार पर राष्ट्रवादी प्रतिरोध के जन-आंदोलन को गति प्रदान की। महात्मा गाँधी द्वारा संचालित अवज्ञा तथा असहयोग आंदोलन पूर्णतया प्रतिरोध आंदोलन में रूपांतरित हो गए, जिसने ब्रिटिश शासन के खिलाफ राजनीतिक-आर्थिक, सामाजिक-नैतिक प्रतिरोध को तीव्रता प्रदान की। इस रूप में बीसवीं शताब्दी का राष्ट्रीय स्वतंत्रता आंदोलन राष्ट्र-राज्य, की 'पुनः प्राप्ति' के लिए एक शक्तिशाली देशी वर्चस्वधर्मी विचारधारा प्रस्तुत करने

लगा। पूँजी, बुद्धिवाद और राष्ट्र-राज्य की सार्वीकृत वर्चस्वधर्मी विचारधारा को स्वदेशी, सत्याग्रह और स्वराज की देशी विचारधारा की चुनौती से विरोध और समर्थन दोनों मिले। इसी बात में महात्मा गाँधी के युग में कांग्रेस का नैतिक-राजनीतिक और बौद्धिक-नैतिक नेतृत्व निहित है, "भारत जैसे देश में एक सफल राष्ट्रीय आंदोलन के संभवतः सबसे महत्त्वपूर्ण ऐतिहासिक कार्य को अंजाम देने की संभावना की शुरुआत करने की इसकी योग्यता—अर्थात् नए राष्ट्र-राज्य में वर्चस्व के आकांक्षी बुर्जुआ के द्वारा निम्नवर्गीय वर्गों के लोगों को राजनीतिक रूप से अपना लेना" (चैटर्जी, 1986, 100)।

भारत के उपनिवेशविरोधी राष्ट्रवादी आंदोलन की सफलता, राजनीतिक-आर्थिक (स्वराज) और सामाजिक-सांस्कृतिक (स्वदेशी) दोनों क्षेत्रों में, रचित प्रतिरोधी जन-वर्चस्व की रचना में निहित थी। इस प्रतिरोधी जन-आंदोलन का वर्चस्वी राष्ट्रीय चरित्र, बहुत हद तक 'राज' के बौद्धिक-नैतिक, और नैतिक-राजनीतिक प्रतिरोध का परिणाम था, जिसे गाँधी ने देशी मुहावरों में सूत्रबद्ध किया था। इस प्रकार औपनिवेशीकरण और अनौपनिवेशीकरण के द्वंद्व ने बुर्जुआ-व्यवस्था की सार्वीकरण की विचारधारा के प्रभुत्व और देशी विचारधारा के प्रतिरोध की द्वंद्वात्मकता का रूप ले लिया। ग्राम्शी की टिप्पणी है, कि अंग्रेजों के खिलाफ भारत के राजनीतिक संघर्ष को युद्ध की तीन श्रेणियों में विभाजित किया जा सकता है एक, आंदोलन का युद्ध, दो, यथास्थिति का युद्ध या स्थापन युद्ध और तीसरा, भूमिगत युद्ध। ग्राम्शी मानते हैं कि गाँधी जी का सत्याग्रह एक प्रकार से स्थापन युद्ध था जो कभी आंदोलन के युद्ध और कभी भूमिगत युद्ध का रूप अख्तियार कर लेता था। ब्रिटिश सामानों का बायकाट, स्थापन युद्ध करने का रूप था, हड़तालें सक्रिय आंदोलन का, और शस्त्रों और लड़ाकू सेनाओं की गुपचुप तैयारी भूमिगत युद्ध के रूप थे। बंग-विभाजन (1905-08) के खिलाफ स्वदेशी-आंदोलन,

अरविंद घोष, भगत सिंह और चंद्रशेखर आजाद के क्रांतिकारी आंदोलन, खिलाफत आंदोलन (1919-20), रोलट एक्ट के विरुद्ध आंदोलन, असहयोग आंदोलन (1921-22), सविनय अवज्ञा आंदोलन (1930-31, और 32-34), भारत छोड़ो आंदोलन (1942-46), ये सब ऐसे 'सक्रिय आंदोलन के युद्ध' थे जिनमें किसान, जन-जातीय और कामगार वर्गों को व्यापक पैमाने पर संगठित किया गया था। संवैधानिक और प्रशासनिक सुधारों में सहयोग और भागीदारी की माँगें स्थापन युद्ध थे। ग्राम्शी के विश्लेषण का केंद्रीय स्वर यह है कि तीनों प्रकार के युद्धों में लोक-हिस्सेदारी ने एक स्वतंत्र, स्वायत्त और समानांतर जन-वर्चस्व को जन्म दिया, जोकि अंततोगत्वा ब्रिटिश राज्य के अधिकृत प्रभुत्व के लिए 'अस्तित्व-संकट' बना। इस तरह कांग्रेस पार्टी प्रभुत्वशाली वर्ग के साथ, प्रभावहीन वर्ग पर भी नेतृत्व कायम करने में सफल हो पाई। ब्रिउली (1982, 150) ने कांग्रेस पार्टी की वर्चस्वशील स्थिति को इन शब्दों में व्यक्त किया है, "कांग्रेस पार्टी राष्ट्रवाद की साक्षात् मूर्ति प्रतीत होती थी...एकमएक हुई दो आकृतियाँ : एक समाज (भारतीय राष्ट्र), प्रजातांत्रिक और स्वतंत्र राज्य (राष्ट्र-राज्य) की माँग कर रहा था। कांग्रेस, राष्ट्र की इन आवश्यकताओं को अभिव्यक्त भी कर रही थी और वह आकार भी ग्रहण कर रही थी, जो नये राज्य को लेना था।"

गुहा (1997) और चैटर्जी (1998) ने विवाद उठाया है, कि समाज के प्रभुत्वशाली और हाशियाई वर्गों (सब्-आल्टर्न) की चेतना में 'संरचनात्मक फाँक' थी और उपनिवेशवाद के विरुद्ध हाशियाई प्रतिरोध का एक 'स्वायत्त क्षेत्र' था। लेकिन मेरे विश्लेषण के अनुसार किसानों की बगावतें तथा अन्य जन-आंदोलन ज्यादातर उसी राजनीतिक और विचारधारात्मक ढाँचे के भीतर घटित हुए, जो राष्ट्रीय आंदोलन के नेताओं के द्वारा प्रसारित-प्रचारित किया गया था। उदाहरण के लिए चौरीचौरा कांड के दौरान होने वाली हिंसात्मक घटनाएँ और

भारत छोड़ो आंदोलन के दौरान व्यापक जनांदोलन, चेतना के उसी आवेग के भीतर घटित हुए, जिसे गाँधी ने क्रमशः असहयोग आंदोलन और 'भारत छोड़ो' आंदोलन का आह्वान करके पैदा किया था। 1942 के भारत छोड़ो आंदोलन का उदाहरण लें। अगस्त 1942 का आंदोलन, भारतीयों का ब्रिटिश राज्य को अपदस्थ करने का दृढ़ निर्णय था। 1942 तक आते-आते ब्रिटिश शासन से हर भारतीय तंग आ चुका था तथा किसी भी कीमत पर निजात पाना चाहता था। औपनिवेशिक भारत सरकार के गृह मंत्री रेनाल्ड मैक्स्वेल ने 1941 में स्वीकार कर लिया था कि ''कांग्रेसी, समाजवादी, साम्यवादी सभी समाज के दुश्मन हैं और वर्तमान व्यवस्था को पलटना चाहते हैं और ऐसा किसी हालत में नहीं होने दिया जाएगा'' (नेहरू, 1981, 537)। फलस्वरूप ब्रिटिश शासन ने 9 अगस्त 1942 को पूरे देश से लोगों को बंदी बनाकर जेलों में डाल दिया, जिसके प्रतिरोध में पूरे देश में गाँवों, शहरों हर जगह लोग पुलिस और सेना के खिलाफ संघर्ष में सामने आ गए। ब्रिटिश शासन द्वारा निहत्थे लोगों पर हर तरह के आक्रमण किए गए। यह प्रतिरोध स्वाभाविक सहज जन-आंदोलन था, गुलामी से मुक्ति तथा देश की आजादी के लिए। इस आंदोलन में हजारों भारतीयों ने जानें गँवाईं और लाखों घायल हुए। पूरे देश में महीनों तक कई शहरों तथा ग्रामीण इलाकों में ब्रिटिश शासन का अस्तित्व समाप्त हो गया था।

1942 के इसी भारत छोड़ो आंदोलन के दौरान, आजमगढ़ जिले के मधुबन थाने में एक मृतप्राय हाशियाई वर्ग के एक किसान के शब्द, हाशियाई और प्रभुत्वशाली वर्गों की चेतना की 'अंतःसंबंधता' पर प्रकाश डालते हैं। जिला अधिकारी निबलेट (हनिंघम, 1983, पृ. 134 पर उद्धृत), ने रिकार्ड किया है, ''कांस्टेबल ने अद्भुत काम किया। उस रामनछत्तर तिवारी पर लगाया गया उसका पहला निशाना चूक गया, जो अपने सहयोगियों से चिल्लाकर कह रहा था कि महात्मा

गाँधी ने चमत्कार करके सारी गोलाबारी को व्यर्थ कर दिया है। अगले निशाने ने उसे धराशायी कर दिया, उसके अनुगामी आठ-दस साथियों का भी वही हश्र हुआ।" गाँव के एक किसान का महात्मा गाँधी के चमत्कार में विश्वास देखिए, कि अंग्रेजों की गोलियों से भूने जाने के वक्त भी एक निशाना चूकने को वह महात्मा गाँधी का चमत्कार मान रहा था।

स्वयं महात्मा गाँधी की चेतना का विकास औपनिवेशिक शासन के क्रियाकलापों के प्रभाव में हुआ। 1918 तक महात्मा गाँधी इस आशा में सहयोगी की भूमिका निभाते रहे कि शायद भारतीयों के लिए बराबरी के अधिकार सुलभ हो सकें। प्रथम विश्व युद्ध के दौरान उन्होंने अंग्रेजों के प्रयासों में सहयोग दिया था। उनका मोहभंग 1919 के भयावह रोलट एक्ट से शुरू हुआ जिसमें भारतीयों के लिए हर तरह की स्वतंत्रता पर बंदिश लगा दी गई थी और उसके बाद जालियाँवाला बाग के जनसंहार ने उन्हें बुरी तरह झकझोर दिया। 'राज' के विरुद्ध उन्होंने असहयोग आंदोलन का आह्वान इसी पृष्ठभूमि में किया था, जिसकी परिणति 1922 की चौरीचौरा की हिंसक घटनाओं में हुई। इस घटना के बाद 1922 में महात्मा गाँधी पर महामहिम के शासन के खिलाफ राजद्रोह भड़काने का आरोप लगाया गया। उन पर चलाए गए ऐतिहासिक मुकदमे के दौरान, महात्मा गाँधी ने भारतीय जन-जीवन के आर्थिक शोषण, उनकी अपमानजनक स्थिति और न्याय से वंचित किए जाने को अपने असहयोग आंदोलन का कारण बताया। उन्होंने कहा, "मैं हिंसा से बचना चाहता था। अहिंसा मेरी आस्था का पहला सिद्धांत है और मेरे पंथ का आखिरी सिद्धांत भी यही है। लेकिन मुझे चुनाव करना पड़ा। या तो मैं ऐसी व्यवस्था के प्रति समर्पण करता जिसने मेरी समझ से मेरे देश की अपूरणीय हानि की है या फिर मैं अपनी जनता के उन्मत्त क्रोध का सामना करने का खतरा मोल लेता, जिसने

मेरे मुख से सच्चाई जान लेने के बाद विस्फोटक रूप ग्रहण कर लिया था... इसलिए कानून की नजर में जान-बूझकर किए गए गुनाह के लिए जो कड़ा से कड़ा दंड मुझे दिया जा सकता है, मैं उसका आह्वान करता हूँ, क्योंकि ऐसा करना मुझे नागरिक का उच्चतम कर्तव्य लगता है। न्यायाधीश महोदय अब आपके लिए एक ही रास्ता बचा है कि या तो आप अपने पद से इस्तीफा दें या मुझे कठोरतम दंड दें'' (गाँधी, 1968, 17-18)।

इस तरह औपनिवेशिक वर्चस्व को चुनौती, प्रतिरोधों के अलग-अलग संयोजनों के आधार पर दी गई। कभी 'सक्रिय संघर्ष' के रूप में और कभी 'स्थापन संघर्ष' के रूप में। गुहा (1994) ने औपनिवेशिक राज्य को, वर्चस्वहीन प्रभुत्व के रूप में रेखांकित किया है। गुहा (1997-xii) ने दोहराया है कि ''उपनिवेशवाद के दमन की संरचना गैर-वर्चस्ववादी थी, जिसमें बल-प्रयोग कायल करने पर भारी पड़ता था।'' यहाँ इस बात की तरफ इशारा करना महत्त्वपूर्ण है कि जीवन में सत्ता के खेल के संघर्ष की वास्तविक स्थितियों में दमन करने और कायल करने के बीच हमेशा ऐसा स्पष्ट अंतर करना संभव हो, यह जरूरी नहीं। सत्ता के तमाम सामाजिक संबंध बलात् कायल करने या कायल करके दमन करने के हो सकते हैं। वर्चस्व इस तरह, राज्य और समाज के बीच सत्ता संबंधों का पूर्व-निर्धारित या स्थिर नियतिवादी 'क्षण' नहीं होता, बल्कि उसकी रचना सफल-असफल वर्चस्वधर्मी परियोजनाओं की शृंखला के दौरान होती है। इसी तरह देशी प्रभुत्वशाली वर्ग और हाशियाई वर्गों के अंतर्संबंधों का स्वरूप भी सहमति-असहमति की अंतःक्रीड़ा से ही तय होता है। ग्राम्शी हाशियाई जन-समुदायों को राज्य के द्वारा छले गए अकर्मण्य बंदियों के रूप में नहीं देखते, न ही वे उनके क्रिया-कलापों और संगठनों को हाशियाई राजनीति और संस्कृति की स्वायत्त अभिव्यक्ति के रूप में देखते हैं। ''वर्चस्व इसी रूप में सक्रिय

होता है। मेरा प्रस्ताव है कि हम इस अवधारणा का उपयोग सहमति को नहीं, बल्कि संघर्ष को समझने के लिए करें...वर्चस्विता किसी साझा विचारधारा की रचना नहीं करती, बल्कि ऐसे 'सामान्य वस्तुगत और सार्थक ढाँचे' की रचना करती है जिसके आधार पर हम ऐसी सामाजिक व्यवस्थाओं के बीच रह सकें, उन पर चर्चा कर सकें और उन पर असर डाल सकें, जिनके मूल में प्रभुत्व है'' (रोजबरी, 1994, 360-1)।

इस अध्याय में जो विवेचन-विश्लेषण किया गया है, उसके आधार पर यह निष्कर्ष निकाला जा सकता है कि औपनिवेशिक राज्य ने उपनिवेश की रोजमर्रा की जिंदगी की पूरी स्वर-रचना को बुद्धिवादी विमर्श, बुर्जुआ व्यवस्था, तथा सत्ता और नियंत्रण के ढाँचे के भीतर समाहित करके उस पर कब्जा करने का जो प्रयास किया, देशी समाज ने इसका अनुसरण भी किया और विरोध भी। ज्ञानोदय युग के पूँजी, बौद्धिकता और व्यक्तिवाद के महाआख्यानों का राष्ट्र-राज्य की संरचना और व्यवस्था में जिस तरह संस्थानीकरण किया गया, वह अलबत्ता औपनिवेशिक राज्य की वर्चस्वधर्मी परियोजना के रूप में उभरकर आया। यह परियोजना राष्ट्रवादी चेतना में छितरा गयी। देशी वर्चस्वधर्मी विचारधाराओं और मुहावरों के भीतर इसे स्वीकार भी किया गया। इस तरह बुर्जुआ व्यवस्था और राष्ट्र-राज्य की संरचना की वर्चस्वधर्मी परियोजना ने राष्ट्रीय मुक्ति आंदोलन की प्रतिरोधी-वर्चस्व की परियोजना के लिए साथ ही साथ विरोध और सहमति के लिए 'सामान्य वस्तुगत और सार्थक ढाँचे' का काम किया। औपनिवेशिक राज्य की वर्चस्वधर्मी परियोजना की मूल समस्या का कारण, जैसा कि पिछले अध्याय में विवेचन किया जा चुका है, सिविल समाज के क्षेत्र का अभाव था। देशी सिविल समाज ने औपनिवेशिक राज्य को यह अधिकार नहीं दिया कि वह अपनी वर्चस्वधर्मी परियोजना के लिए उस पर कब्जा कर ले। अनौपनिवेशीकरण,

ने राष्ट्रवादी आंदोलन के प्रतिरोधी-वर्चस्व यानी जन-वर्चस्व की परियोजना का रूप ग्रहण कर लिया तथा स्वतंत्र राष्ट्र-राज्य की प्राप्ति की, ताकि देशी आबादी के सामाजिक-आर्थिक और सांस्कृतिक पुनर्जीवन के लिए उत्पादन की स्वतंत्र स्थितियाँ सुलभ कर सके। राष्ट्रीय मुक्ति के बाद स्वतंत्र राष्ट्र-राज्य की संघटना, अनौपनिवेशीकरण का मूल क्षण है। चैटर्जी (1986, 161) ने इसे, 'आगमन का क्षण' कहा है। "राष्ट्रवाद का आगमन हो गया है, उसने राजकीय विचारधारा के रूप में अपनी संस्थापना कर ली है, उसने राष्ट्र के जीवन को राज्य के जीवन में समेट लिया है। वह तार्किक भी है और विकासशील भी, विवेक के सार्विक अभियान की विशिष्ट अभिव्यक्ति। उसने सत्ता की भूमंडलीय वास्तविकताओं को स्वीकार कर लिया है, इस तथ्य को भी स्वीकार कर लिया है कि विश्व का इतिहास कहीं और निवास करता है। उसने सिर्फ उन वास्तविकताओं की सार्विक योजना के बीच अपनी जगह ढूँढ़ ली है।"

अध्याय चार

स्वराज : उत्तर-औपनिवेशिक समाज में स्वतंत्र राष्ट्र-राज्य

"आत्म-शासन का अर्थ होता है, सरकारी नियंत्रण से स्वतंत्र होने के लिए निरंतर प्रयास, चाहे वह विदेशी सरकार हो या राष्ट्रीय। यदि जनता जीवन के हर ब्यौरे में नियमन के लिए सरकार का मुँह जोहती है तो ऐसी स्वराज सरकार दयनीय होगी... सच्चा स्वराज्य चंद लोगों के द्वारा सत्ता प्राप्त कर लेने से नहीं, बल्कि जब सत्ता का दुरुपयोग होता हो तो सभी लोगों के द्वारा उसका प्रतिकार करने की क्षमता प्राप्त करके हासिल किया जा सकता है। दूसरे शब्दों में, स्वराज्य जनता में इस बात का ज्ञान पैदा करके प्राप्त किया जा सकता है कि सत्ता पर नियंत्रण और उसका नियमन करने की क्षमता उसमें है... इसका अर्थ है हर ग्रामवासी में यह बोध कि वह स्वयं अपने भाग्य का निर्माता है।"

महात्मा गाँधी (1968, 441, 454)

उपनिवेशवाद के विरुद्ध राष्ट्रवाद का संघर्ष सफल हो गया। भारत एक स्वतंत्र, प्रभुसत्तात्मक, प्रजातांत्रिक और धर्मनिरपेक्ष गणतंत्र बन

गया। औपनिवेशिक शासन के दौरान, नई पूँजीवादी समाज व्यवस्था के वर्चस्ववादी संदर्भ में निर्मित आधुनिक राष्ट्र-राज्य की संघटना और व्यवस्था को, नए अभिजात शासक वर्ग की विचारधारात्मक आम सहमति हासिल हुई। आजादी के आरंभ के वर्षों में, पश्चिम के अधिकांश पर्यवेक्षकों को भारत में बुर्जुआ प्रजातांत्रिक ढाँचे में पूँजीवादी सामाजिक व्यवस्था के सफल हो पाने के बारे में संदेह था। इसकी वजह अपने ऊपर शासन कर पाने की 'भारतीयों की अयोग्यता' के औपनिवेशिक दुष्प्रचार का लंबा इतिहास था। जाहिर है कि ये पर्यवेक्षक भारत में ई. पू. तीसरी-चौथी शताब्दी में ही मौर्य साम्राज्य के युग में हासिल ऊँची 'राज्यधर्मिता' की परंपरा को पहचानने में चूक गए। भारत की परंपरागत राज्य-व्यवस्था में कौटिल्य द्वारा प्रतिपादित 'धर्म' और 'दंड' के प्रावधानों को आधुनिक वर्चस्व के 'सहमति/दमन' के अवयवों के समानांतर रखकर देखा जा सकता है। रूडोल्फ और रूडोल्फ (1987, 67) ने स्वतंत्र भारत में राष्ट्र-राज्य को, उसके ऐतिहासिक परिप्रेक्ष्य में प्रस्तुत करते हुए कहा है, ''आधुनिक भारत के संविधान के संस्थापकों को 'राज्यपन' की उस विरासत का लाभ मिल गया जिसे हिंदू, मुगल और ब्रिटिश उपमहाद्वीपीय साम्राज्यों ने छोड़ा था। उन्होंने केंद्रीकृत शासन के साथ-साथ क्षेत्रीय राज्यों की समानांतर राज्य-संरचना का संगठित रूप प्रस्तुत किया।''

राज्य का नियंत्रण अभिजात शासक-वर्ग के हाथ में था। विडंबना यह थी कि उन्होंने उपनिवेशवाद से प्राप्त स्वतंत्रता की विरासत की वैधता को राज्य के उसी बुर्जुआ ढाँचे और व्यवस्था को सौंप दिया, जिसका निर्माण औपनिवेशिक शासन के दौरान हुआ था। स्वाधीनता के वक्त भारत के विभाजन और रजवाड़ों के एकीकरण की दृष्टि से राष्ट्रीय सुरक्षा का सवाल बेहद महत्त्वपूर्ण हो गया था। राष्ट्रीय सुरक्षा और राष्ट्रीय विकास की वर्चस्वधर्मी परियोजनाएँ, औपनिवेशिक-बुर्जुआ-प्रशासनिक-सैनिक व्यवस्था को

जारी रखने का तार्किक आधार बनीं। गुलामी की स्थिति में जब देश का भू-भाग, जीविका-अर्थव्यवस्था के साधन ही दूसरे के कब्जे में हों, तो शासित समाज में राष्ट्र की भावना आसानी से जगती है। सामाजिक मतभेद (वर्ण-जाति-वर्ग का) जो स्वतंत्रता के बाद फूट-फूट कर उभर रहे हैं, वे औपनिवेशिक काल में गौण थे, दबे थे। समाज का कमोबेश हर तबका अपना स्वतंत्र राष्ट्र-राज्य बनाने के लिए भारतीय संस्कृति के लिए, भारतीय राष्ट्र-निर्माण के लिए, औपनिवेशिक राज्य से संघर्ष करता है। भारत की स्वतंत्रता के वक्त इसी विषय पर महात्मा गाँधी तथा नेहरू एवं अन्य लोगों में मौलिक मतभेद था। गाँधी स्वराज्य या रामराज्य चाहते थे, नेहरू राष्ट्र-राज्य और देश को मिला आधुनिक राष्ट्र-राज्य। यानी रातों-रात औपनिवेशिक राज्य-तंत्र, स्वतंत्र राज्य-तंत्र बन गया। जिस राष्ट्र के स्वप्न के लिए लगभग हर क्षेत्र, जाति-धर्म तथा वर्ग के लोगों ने सभी मतभेद भुलाकर स्वतंत्रता संघर्ष किया था, वह राष्ट्र कैसा हो। इसके लिए आजादी के वक्त भारत जैसे बहुल संस्कृति वाले देश के पास दो उदाहरण थे। संयुक्त राज्य अमेरिका का 'मेल्टिंगपॉट' उदाहरण, जहाँ विभिन्न भौगोलिक-सांस्कृतिक इकाइयों को स्वायत्तता देकर उन्हें वक्त के साथ घुल-मिल जाने दिया गया। वहीं सोवियत संघ का 'मेटानेशन स्टेट' उदाहरण था, जहाँ विभिन्न राष्ट्रीयताओं को मानते हुए नियोजित रूप से केंद्रीय सत्ता द्वारा नियंत्रण का प्रयास था। भारत ने सोवियत संघ का रास्ता अपनाया। चुनावों के माध्यम से प्रजातांत्रिक भागीदारी ने समाज के हर तबके को कमोबेश अपनी अभिव्यक्ति का मौका दिया। तमिल, तेलुगू, कश्मीरी, असमी, नागा, मणिपुरी तथा क्षेत्र-जाति आधारित अस्मिताओं ने आहिस्ता-आहिस्ता 'विविधता में एकता' दर्शाते हुए, वर्तमान राष्ट्र का निर्माण किया। जिसे पहले बहुल-संस्कृतिवाद या धर्मनिरपेक्षतावाद तथा अब सांस्कृतिक राष्ट्रवाद की प्रतिस्पर्धी विचारधाराओं के तहत समझने का प्रयास किया जा रहा है।

पिछले अध्यायों में किये गये विवेचन-विश्लेषण से यह निष्कर्ष निकाला जा सकता है कि औपनिवेशिक काल में आए आधुनिक परिवर्तनों के मद्देनजर राष्ट्र-राज्य समाज के केंद्र में आ चुका था। औपनिवेशिक काल के दौरान भारत पर पड़ने वाले प्रभाव के कारण नए प्रभु वर्ग का उदय हुआ जिसने भारत के गौरवशाली अतीत का आविष्कार किया। इसके अलावा भारतीय राष्ट्रीय स्वतंत्रता आंदोलन द्वारा 'भारत की अवधारणा' को पुष्ट करने के प्रयास किए गए। इसका वर्णन पिछले अध्यायों में किया जा चुका है। टैगोर, गाँधी, नेहरू, अंबेडकर, जिन्ना, सावरकर, सुभाषचंद्र बोस, अरविंद, भगत सिंह ने अपने-अपने ढंग से भारत की अवधारणा की 'खोज' की। उत्तर-औपनिवेशिक भारतीय सामाजिक, राजनीतिक, आर्थिक, सांस्कृतिक परिवर्तन के लिए स्वतंत्र राष्ट्र-राज्य की स्थापना नेहरू की सबसे महत्त्वपूर्ण विरासत है। सार्विक मताधिकार पर आधारित लोकतांत्रिक चुनाव प्रणाली, 'मिश्रित-अर्थव्यवस्था' पर आधारित विकास प्रणाली, इसके मूल स्तंभ थे। नेहरू की अर्थनीति ब्रिटिश अर्थशास्त्री कींस के विचारों पर आधारित थी, जबकि उनकी राजनीति यूरोप में प्रचलित समाजवादी लोकतंत्र पर। स्वतंत्र भारत की प्रगति के लिए निजी और सार्वजनिक दोनों क्षेत्रों में तेजी से औद्योगीकरण के रूप में राष्ट्रीय विकास की अवधारणा प्रतिपादित की गई। इस काम को केंद्रीय योजना के माध्यम से कुल मिलाकर 'मिश्रित अर्थव्यवस्था' की विचारधारा के तहत सार्वजनिक क्षेत्र की कमान के निर्देशन में संपन्न करने का प्रयास था। स्वतंत्रता के समय कांग्रेस पार्टी ने, जो केंद्र और अधिकांश प्रांतों में सत्ता में थी, भूमि सुधार के कार्यक्रमों, मताधिकार के बालिग जनता तक विस्तार, भाषा के आधार पर प्रांतीय राज्यों के पुनर्गठन और सामुदायिक विकास के कार्यक्रमों और पंचायत राज के माध्यम से सत्ता के विकेंद्रीकरण की परियोजनाओं की शुरुआत की।

राज्य की सत्ता और वैधता को सीधे सार्विक बालिग मताधिकार पर आधारित प्रजातांत्रिक चुनाव प्रणाली के माध्यम से प्राप्त करने का प्रयास किया गया। इस मामले में उत्तर-औपनिवेशिक राज्य, पश्चिम के राज्यों से इस अर्थ में भिन्न है कि पश्चिम के नागरिकों को, सार्विक बालिग मताधिकार पश्चिम में आधुनिक राज्यों के अस्तित्व में आने के बहुत बाद में मिला। इस तरह स्वतंत्र भारत में बहुलस्तरीय भागीदारी पर आधारित जनतंत्र ने समाज को राज्य के साथ सीधे संवाद की स्थिति में ला दिया। अतः उत्तर-औपनिवेशिक राज्य ने अपने जीवन की शुरुआत सीधे नागरिकों से हासिल वैधता से की। संसद और विधानसभा में चुनाव-क्षेत्रों के क्षेत्रीय प्रतिनिधित्व के सिद्धांत ने सामाजिक विभाजनों पर काबू पाने का काम किया। क्योंकि विभिन्न जातियों और समुदायों को चुनावों की खातिर समझौते करने की जरूरत पड़ी। नतीजतन, किसी विशेष चुनाव-क्षेत्र में किसी एक जाति या समुदाय के लिए दूसरों की उपेक्षा करना संभव नहीं था। यहाँ ध्यान देने की बात है कि चुनावों में विभिन्न जातियों के बीच गठबंधन, सेकुलर हितों के लिए होता है न कि जातीय भाईचारे की वजह से। इसके अलावा, संविधान में संसद और विधान सभाओं में, अनुसूचित जातियों और जनजातियों के लिए आरक्षण का विशेष प्रावधान किया गया। इसके द्वारा समाज के कमजोर तबकों के उन लोगों के लिए जो भारतीय समाज की परंपरागत सोपानिक सामाजिक व्यवस्था में कमतर स्थिति में थे, भागीदारी और सशक्तिकरण की नींव पड़ी। गोकि, व्यवहार में यह व्यवस्था अनेक क्रमायोजनों और संयोजनों से होकर गुजरती रही, फिर भी व्यापक स्तर पर जनांदोलन और राजनीतिक भागीदारी ने राजनीतिक सामाजीकरण की प्रक्रिया को गति दी, जिसके परिणामस्वरूप स्वतंत्र भारत की सत्ता संरचना में जटिल परिवर्तन आ गए। डी ऐप्टर (मिलिबैंड, 1969, 182 पर उद्धृत) का कहना है, "राजनीतिक

सामाजीकरण का अर्थ है वह प्रक्रिया जिसके माध्यम से मूल्यों, संज्ञानों और प्रतीकों को सीखा और आत्मसात किया जाता है। जिसके माध्यम से राजनीति के बारे में व्यवहार में लाए जाने वाले सामाजिक मानदंडों को रोपा जाता है, राजनीतिक भूमिकाओं का संस्थानीकरण होता है और राजनीतिक आमसहमति का वातावरण तैयार करने का प्रयास होता है—चाहे प्रभावी रूप में हो अथवा अप्रभावी रूप में।'' इस अध्याय में मैं इस बात का विवेचन करूँगा कि 'समुदायों' का राजनीतिक सामाजीकरण कैसे उत्तर-औपनिवेशिक राज्य को वैधता देने का जरिया बना। साथ ही आर्थिक विकास मुहैया कराने की पूँजी की भूमिका के साथ, इसकी द्वंद्वात्मक पारस्परिकता की स्थिति बनी।

स्वतंत्रता के आरंभिक वर्षों में नेहरू के नेतृत्व के दौरान, कांग्रेस पार्टी के संसदीय और संगठनात्मक धड़ों ने राज्य और समाज के संबंधों में तालमेल बैठाने का काम बड़े प्रभावी रूप में किया। दल के संसदीय पक्ष ने राज्य के ढाँचे के लिए प्रधानमंत्री, मंत्रीगण, प्रशासन और परामर्श देने से संबद्ध अन्य अधिकारी उपलब्ध कराए। पार्टी के संगठनात्मक पक्ष के पीछे गाँधीवादी परंपरा की स्वदेशी और स्वराज की विरासत थी। उसने समाज की भावनाओं और आकांक्षाओं के साथ तादात्म्य कर लिया। जनता की आवश्यकताओं और आशाओं के अनुरूप उसने राज्य की कार्यप्रणाली में आवश्यक परिवर्तन किए। इस तरह, इस दौरान राज्य के वर्चस्व की रचना करने में उसने सिविल समाज की भूमिका निभायी। 1975-77 के दौरान लागू की गई इमरजेंसी को राज्य और सिविल समाज के बीच इन आरंभिक वर्चस्वधर्मी संबंधों के टूटने का कारण और परिणाम दोनों ही माना जा सकता है, जो उपर्युक्त व्यवस्था का प्रतिनिधित्व करते थे। आगामी पृष्ठों में हम उत्तर-नेहरू युग में उत्तर-औपनिवेशिक राज्य की वर्चस्वधर्मी परियोजना की समस्या का विश्लेषण, जनतांत्रिक

चुनावों के लिए जाति और वर्गों के आधार पर जनता की भागीदारी, औद्योगीकरण, भूमंडलीकरण और विकास की परियोजनाओं के सामाजिक-आर्थिक और राजनीतिक परिणामों के परिप्रेक्ष्य में करेंगे।

❐ भूमंडलीय पूँजीवाद में उत्तर-औपनिवेशिक राष्ट्र-राज्य : राष्ट्रीय विकास की वर्चस्वधर्मी परियोजना

कूपर और स्टोलर (1997, 35) ने 'विकास' के सवाल को ऐतिहासिक परिप्रेक्ष्य में प्रस्तुत किया है, "विकास की अवधारणा अनौपनिवेशीकरण के दौर में एक तरह के सेतु का काम करती है। वर्चस्व के औपनिवेशिक दावों के प्रचार का वह आखिरी हथियार था, जबकि स्वतंत्र शासकों द्वारा अपने शासन की प्रगतिशील विचारधारा का दावा करने का पहला हथियार।" भारत और एशिया के दूसरे देशों के साथ अफ्रीका और लातीनी अमेरिका का अनौपनिवेशीकरण विश्व व्यवस्था में सत्ता-संबंधों में घटित भीतरी बदलावों के परिप्रेक्ष्य में हुआ। दूसरे विश्वयुद्ध के बाद पश्चिमी यूरोप के स्थान पर महाशक्तियों के रूप में अमेरिका और रूस के उद्भव के कारण यह संभव हुआ। उत्तर-विश्वयुद्ध युग की भू-राजनीतिक अर्थनीति में अंतरराष्ट्रीय आर्थिक व्यवस्था की पुनर्रचना की गई। 1944 में विश्व बैंक, अंतरराष्ट्रीय मुद्रा कोष और गेट (अब विश्व व्यापार संगठन) जैसी ब्रेटन वुड संस्थाओं के ढाँचे का निर्माण किया गया। "इसके साथ राष्ट्रीय अर्थनीतियों की नियंत्रित व्यवस्था की औपचारिक समाप्ति हो गई" (लीज, 1996, vi)। विडंबना देखिए कि जब अनौपनिवेशीकरण घटित हो रहा था, ठीक उसी समय ही ब्रेटन वुड संस्थाओं के जरिए, अमेरिकी वर्चस्व के अधीन भूमंडलीय पूँजीवादी व्यवस्था, 'विकासशील' देशों की जरूरतों और नीतियों पर अपनी पकड़ मजबूत कर रही थी। उत्तर-विश्वयुद्ध काल में पश्चिमी यूरोप का पुनर्निर्माण जिस

मार्शल योजना के तहत किया गया था, उसी तर्ज पर विदेशी सहायता और सहयोग देकर अनौपनिवेशीकरण से गुजरते हुए तीसरी दुनिया के बाजारों को भूमंडलीय पूँजीवादी व्यवस्था ने अपने नियंत्रण में रखने की आरंभिक नीति अपना ली थी। ऐसा विशेषकर साम्यवाद के प्रभाव को रोकने के लिए किया गया। जैसे-जैसे समय गुजरता गया, विदेशी सहायता और सहयोग की नीति ने आर्थिक विकास की विचारधारा का रूप ले लिया। "विकासवादी विमर्श की जड़ें, पश्चिम के प्रभुत्व, पूँजीवाद के इतिहास, आधुनिकता तथा पश्चिमी राज्य संस्थाओं, अनुशासन प्रणाली, संस्कृतियों तथा शोषण की तकनीकों के भूमंडलीकरण में निहित हैं" (क्रश, 1995, ii)।

एकरूप भूमंडलीय अर्थ-व्यवस्था के उदय ने यह आवश्यक कर दिया कि परंपरागत समाजों के सामाजिक-सांस्कृतिक ढाँचे का नए सिरे से पुनर्गठन किया जाए। आधुनिकता द्वारा, परंपरागत मानव को आधुनिक, विवेकशील, अधिक से अधिक लाभ कमाने वाले उपभोक्ता में रूपांतरित करने का प्रयास हुआ। अतएव भारत जब स्वतंत्र हुआ, उस समय शासक अभिजात वर्ग में भारत में आधुनिकीकण और विकास पर विचारधारात्मक सहमति बनी। भारत में औपनिवेशिक शासन ने लंबे समय तक राज्य के सामाजिक, राजनीतिक और आर्थिक कार्यकलापों की शक्ल तय की थी। पिछले अध्यायों में इस बात का विवेचन-विश्लेषण किया जा चुका है कि क्योंकि औपनिवेशिक राज्य, मूल रूप में ब्रिटिश पूँजीवादी व्यवस्था का एक उपकरण था, इसलिए उसने भारतीय समाज में 'बुनियादी' सामाजिक संरचनात्मक परिवर्तन किए बिना, ब्रिटेन की काम लायक जरूरतों के हिसाब से भारत में परिधीय पूँजीवाद की नींव रखी थी। "औपनिवेशिक शासन ने नए मूल्यों और संस्थानों को एक साथ लागू भी किया और उन पर रोक भी लगाई, उसी तरह जैसे उसने उनके परंपरागत प्रतिपक्षी मूल्यों और संस्थानों को परिवर्तित भी किया और साथ ही अवरुद्ध

भी'' (पीटर्स और पारिख, 1995, 2)।

इस तरह स्वतंत्र राष्ट्र-राज्य ने आधुनिकीकरण को सामाजिक, आर्थिक और राजनीतिक विकास का मूल माध्यम बनाया। मैक्स वेबर से प्रभावित होकर पॉर्सन्स ने आधुनिकता के मानक तय किए थे। इन्हीं के आधार पर दुनिया को आधुनिक (विकसित) एवं परंपरागत (अविकसित) खेमों में बाँटा गया। इसी समाजशास्त्रीय तर्क को कसौटी बनाकर परंपरागत (पिछड़े) देशों में 'विकास' की अवधारणा का जन्म हुआ तथा पचास के दशक में विकास का मूल मंत्र बना 'आधुनिकीकरण'। उसके बाद जैसे-जैसे विकास, अपने लक्ष्यों से पीछे छूटता गया, हर दशक के मंत्र बदलते रहे। साठ के दशक में 'हरित क्रांति', सत्तर के दशक में 'वृद्धि के साथ न्याय', अस्सी के दशक में 'संरचना से तालमेल' (स्ट्रक्चरल एडजस्टमेंट) तथा नब्बे के दशक में 'भूमंडलीकरण और उदारीकरण'। प्रेस्टन (1996, 172) ने इस विषय को सार रूप में प्रस्तुत किया है, ''आधुनिकीकरण की महान प्रक्रिया, आधुनिक और परंपरागत समाजों के विशाल द्विभाजन के बीच सेतु की तरह है।'' आधुनिकीकरण की उस सैद्धांतिकी ने, जिसको चार सैद्धांतिकियों के संश्लिष्ट रूप में सूत्रबद्ध किया गया, 'विकासशील' देशों के विकास के लिए नये प्रतिमान प्रस्तुत किए। ये सिद्धांत थे—अर्थ तंत्र में राज्य के 'समझदार' हस्तक्षेप का कीनिसियन सिद्धांत; टैलकॉट पॉर्सन्स का परंपरागत और आधुनिक समाजों के परिवर्तनीय मूल्यों के विश्लेषण का सिद्धांत; आर्थर लीविस (1955) का आर्थिक वृद्धि का सिद्धांत और रॉस्टो (1960) का आर्थिक वृद्धि की अवस्थाओं का सिद्धांत। इस तरह 'परंपरागत' और 'कृषि-प्रधान भारतीय समाज' का आधुनिकीकरण और औद्योगिकीकरण, विकसित देशों की 'बराबरी' तक पहुँचने का माध्यम बने। अनौपनिवेशीकरण के तुरंत बाद के वर्षों में राज्य के हस्तक्षेप से हुए तीव्र औद्योगिकीकरण ने मुक्त निजी उद्योगों के

विकास के लिए बुनियादी ढाँचे का निर्माण किया। ''विकास का लक्ष्य बढ़ोतरी था, विकास का माध्यम राज्य था और विकास के साधन बृहत्-आर्थिक उपकरण थे'' (लीज, 1996, 7)।

1950 के दशक में केंद्रीय योजना बनाकर, आयात पर संरक्षण की नीति द्वारा देशी उद्योगों के विकास के लिए मजबूत पूँजीगत ढाँचा तैयार किया गया। मूल रूप में कृषि-प्रधान भारतीय परिस्थितियों के संरचनात्मक रूपांतरण की 'अपरिहार्य' प्रक्रिया में कृषि और ग्रामीण अर्थ-व्यवस्था को उद्योगों की तुलना में निष्क्रिय और गौण भूमिका दी गई। यह उम्मीद की गई कि औद्योगिकीकरण से जो आर्थिक विकास होगा, उसका लाभ 'ट्रिकिल डाउन' (नीचे रिसाव) की प्रक्रिया के तहत ग्रामीण तथा गरीब जनता को भी मिलेगा। किंतु ग्रामीण क्षेत्रों में गरीबी बढ़ने के उदाहरण सामने आने लगे और यह समस्या और गंभीर होती गई। इस सच्चाई का बोध जरूरी हो गया कि भारत को आर्थिक विकास की यात्रा 'औद्योगिक-शहरी' और 'कृषिक-ग्रामीण' रूपी दोनों पैरों (माओ के शब्दों में) पर चल कर करनी होगी। परिणामतः 1960 के दशक में ग्रामीण क्षेत्रों में हरित क्रांति के नाम पर ऊँची पैदावार वाले बीज, उर्वरक, कीट-नाशक और कृषि के यंत्रीकरण के रूप में तकनीकी परिवर्तन किए गए। राज्य और निजी पूँजी के प्रवेश से कृषि के व्यावसायीकरण ने विनिमय-संबंधों की शुरुआत की और स्वतंत्र भारत में एक नयी कृषिक बुर्जुआजी का जन्म हुआ। इसी के समानांतर आधुनिकीकरण और औद्योगिकीकरण की नीति ने शहरी बुर्जुआजी को जन्म दिया। इस तरह, भारत में स्वतंत्र शहरी और ग्रामीण बुर्जुआजी का उदय, राज्य की सृष्टि थी, कुछ और नहीं, जब कि क्लासिकी पूँजीवाद में इसका उल्टा होता है। रूडोल्फ और रूडोल्फ (1987, 60) ने सही टिप्पणी की है, ''अनौपनिवेशीकरण के बाद की पीढ़ियों में

व्याप्त मान्यताओं के विपरीत, राष्ट्र और अर्थ-व्यवस्थाएँ जितना राज्यों को जन्म देती हैं, उसकी तुलना में राज्य, अधिक राष्ट्रों और अर्थ-व्यवस्थाओं को पैदा करता है।''

1970 के दशक के उत्तर काल और 1980 के दशक में 'राज्य' नियंत्रित विकास को दक्षिण और वाम दोनों पक्षों से चुनौतियों का सामना करना पड़ा। दक्षिणपंथियों ने बाजारी अर्थव्यवस्था में 'राज्य' के हस्तक्षेप को अर्थव्यवस्था की अक्षमता का कारण माना, जिसकी वजह राजनीतिज्ञों और नौकरशाही का 'किराया वसूली' का व्यवहार होता है। वामपंथियों का आरोप था कि विकास का लाभ राजनेताओं-नौकरशाही के गठबंधन ने उठाया है। इस संदर्भ में गौर तलब है कि 1980 के दशक के अंतिम वर्षों में तत्कालीन प्रधानमंत्री राजीव गाँधी ने भी स्वीकार किया था कि विकास के लिए निर्धारित राशि का 15 प्रतिशत भी आम जनता तक नहीं पहुँच पाता। यहाँ यह भी ध्यान देने योग्य है कि स्वीधनता के बाद के प्रारंभिक दो दशक, सर्वसहमति और पुनर्निर्माण के दौर थे इसलिए असहमति की अपकेंद्रीय शक्तियाँ सक्रिय नहीं थीं। लेकिन कृषिक बुर्जुआ के दाय से राजनीतिक समीकरणों में आये बदलाव और शहरी बुर्जुआ तथा उदीयमान मध्य वर्ग ने पश्चिमी पूँजीवादी देशों के तर्ज पर भारत में भी अर्थव्यवस्था के 'खोले-जाने' और राज्य की भूमिका को न्यूनतम करने के लिए हो-हल्ला मचाया। उल्लेखनीय है कि औद्योगिक क्रांति के युग में पूँजीवाद का विस्तार तथा राष्ट्र-राज्य का विकास एक साथ हुआ। लेकिन 1945 से युद्धोत्तर भौगोलिक पुनर्गठन करके ब्रेटन वुड्स संस्थानों ने राष्ट्रीय अर्थतंत्र को समाप्त करके, पूँजी संचय के अंतरराष्ट्रीय आर्थिक प्रबंध तथा सामाजिक-राजनीतिक आयामों के राष्ट्रीय प्रबंध के बीच आपसी टकराहट का माहौल पैदा कर दिया। युद्धोत्तर स्थितियों से उबरने के बाद पश्चिम में कल्याणकारी राज्य बनाकर श्रम को इसके और

पूँजी के बीच समझौते करके उत्तरी खंड में रोका गया तथा दक्षिण में 'विकासोन्मुख राज्यं' की कल्पना कर 1970 तक व्यवस्था-विरोधी क्रांतियों के भय से निबटा गया। उसके बाद राष्ट्र-राज्य पर नवउदारवादी रीगन अर्थशास्त्र का हमला हुआ, जिससे राज्य पर बाजार के हावी होने का सिलसिला शुरू हुआ। इससे विश्व में पूँजी के आर-पार संचरण के लिए रास्ते तैयार हुए।

राज्य पर समाज के बढ़ते दबाव और अर्थनीति पर राजनीति के प्रभाव, तथा 'लाइसेंस-परमिट' राज्य की वैधता पर आए सवालों की पृष्ठभूमि में 1991 में उदारीकरण, बाजारवाद, भूमंडलीकरण तथा निजीकरण की नीतियों द्वारा अर्थनीति को राजनीति से मुक्त करने के प्रयास शुरू हुए, जो अभी जारी हैं। उदारीकरण और भूमंडलीकरण के रूप में 1980 के दशक के अंत और 1990 के दशक के आरंभ में अनियंत्रीकरण, निजीकरण, तथा व्यापार और सीमा-शुल्क की रुकावटों को दूर करने के लिए कदम उठाए गए। इस तरह राष्ट्रीय सीमाओं के परे पूँजी के उन्मुक्त संचरण के लिए मंच तैयार हो गया। 1990 के दशक में साम्यवादोत्तर युग में भूमंडलीकरण नए मिथक के रूप में उभरा। सोवियत तर्ज पर 'राज्य-प्रेरित' समाजवाद के अवसान ने भूमंडलीकरण के 'टीना' (देयर इज नो अल्टर्नेटिव) (विकल्प नहीं) फार्मूला की खुशफहमी को ऐसे ईजाद किया, मानों यह 1990 के दशक में ही शुरू हुआ हो, जबकि व्यापार एवं वित्त का अंतरराष्ट्रीयकरण औपनिवेशिक युग का एक अभिन्न अंग रहा है। अतः आधुनिकता, विज्ञान, राज्य, बाजार तथा भूमंडलीकरण, संसार को बनाने-बिगाड़ने की औद्योगिक क्रांति के समय से चले आ रहे विभिन्न उपकरण हैं। विनायक ने इन परिवर्तनों का श्रेय आर्थिक नवउदारवादियों को दिया है, "अगर राज्य को अर्थव्यवस्था से पीछे खींचना (अधिक या कम मात्रा में) है, तो उसे समाज में पीछे छूट जाने वालों को नियंत्रित करने के लिए भी करना होगा।

दोनों प्रकार के थैचरवाद का लक्ष्य एक ऐसे विशेष अधिकारों वाले राष्ट्र को जन्म देना होता है जो अपेक्षाकृत कम अधिकार वाले राष्ट्र के साथ लगातार (पर शायद हमेशा नियंत्रणीय) तनाव की स्थिति में रहता है। कीनिशियनवाद और नेहरूवादी समाजवाद की 'एक राष्ट्रीय अर्थव्यवस्था' का आदर्श अब समाप्त हो गया'' (विनायक, 1990, 56)।

❑ स्वराज : बुर्जुआ अधिरचना (सुपरस्ट्रक्चर) और देशी सामाजिक संरचना (स्ट्रक्चर) का विरोधाभास

उत्तर-औपनिवेशिक भारत के केंद्रीय विरोधाभास को, अल्वी के द्वारा निरूपित 'अतिविकसित अधिरचना' और 'अल्पविकसित संरचना' की व्याख्या से स्पष्ट रूप में समझा जा सकता है। अल्वी (1979, 41) का कहना है कि ''यह कहा जा सकता है कि उपनिवेश में 'अधिरचना' उसकी मूल सामाजिक 'संरचना' की तुलना में अतिविकसित होती है...स्वाधीनता के समय कमजोर देशी बुर्जुआजी अपने को नौकरशाही नियंत्रण में उलझा हुआ पाती है। यह नियंत्रण उन लोगों का होता है जो राज्य के नौकरशाही-सैनिक तंत्र के उच्चतम शिखर पर होते हैं और सीधे साम्राज्यिक शासन से मुक्त होकर स्वतंत्र समाज में अपनी शासन शक्ति को बनाए ही नहीं रखते बल्कि उसका विस्तार भी करते हैं।'' पिछले अध्याय में विवेचन किया जा चुका है कि पूँजीवाद के महाआख्यान के अंतर्गत विकसित राज्य की बुर्जुआ व्यवस्था और ढाँचा, उत्तर-औपनिवेशिक राज्य को वर्चस्वधर्मी औपनिवेशिक विरासत के रूप में मिला। इसके बाद भारत में अतिविकसित राज्य ने सार्वजनिक क्षेत्र में भारी निवेश किया। इसलिए उसका प्रभुत्व केवल विचारधारात्मक नहीं बल्कि भौतिक भी है, ''जहाँ तक कुल घरेलू पूँजी निर्माण का सवाल है, राज्य का

अंशदान और भी महत्त्वपूर्ण है, अधिकतर वर्षों में वह संपूर्ण का 50-60 प्रतिशत बैठता है'' (विनायक, 1990, 31)। राज्य स्वयं लगभग डेढ़-दो करोड़ लोगों को नौकरी देता है। राज्य इस प्रकार बड़ा निवेशक ही नहीं, उतना ही बड़ा नियोक्ता भी है, इसके अलावा उसके तंत्रों में 'कानूनी' शक्ति का निवास होता है। इस प्रकार भारत में राज्य, समाज का नेतृत्वकर्ता, शिक्षण केंद्र और हस्तक्षेपकर्ता भी है। ढाँचागत क्षेत्रों में सघन-पूँजी निवेश, सार्वजनिक क्षेत्र की महत्ता और भारी औद्योगिकीकरण के साथ-साथ भारतीय राज्य नई कृषि नीति का पालन करता है जिसमें गरीबी-उन्मूलन के कार्यक्रमों पर भी बल दिया गया है। विकास और आधुनिकीकरण की वैधता के कारण ही देश के दूर-दराज के इलाकों में राजकीय संस्थाओं का प्रवेश संभव हो पाया है। ''भारत ने राज्य का ऐसा आदर्श अपनाया है, जिसका अस्तित्व अपने ही लिए है। वह अपने आप में वस्तु है और सब वस्तुओं का स्रोत भी। उसका अस्तित्व उन तमाम चीजों को मुहैया करने के लिए है, जिनकी जरूरत और अपेक्षा भारतीयों को है : प्रभुसत्ता, एकता, कल्याण, विकास, सबके लिए नौकरी और सामाजिक न्याय'' (ब्रास, 1990, 20)।

1970 के दशक तक, विकास और आधुनिकीकरण की वर्चस्वधर्मी परियोजना के तहत राज्य की शक्ति के विस्तार के साथ, बुर्जुआजी का प्रभुत्व भी कायम हो गया जिसमें शहरी-औद्योगिक पूँजीवादी वर्ग, धनाढ्य-ग्रामीण बुर्जुआजी तथा नागर मध्य वर्ग शामिल थे। हरित क्रांति की सफलता के फलस्वरूप कृषिक बुर्जुआजी ने, विशेषकर प्रांतीय सरकारों के स्तर पर राज्य सत्ता में प्रतिनिधित्व के लिए संघर्ष किया और उनमें अपना प्रभुत्व बढ़ाया। ग्रामीण धनाढ्य वर्ग, प्रभुत्वशाली कृषिक वर्ग के रूप में उभरा है, जिसने उर्वरकों और कृषि संबंधी निवेशों, कृषिक उत्पाद में सब्सिडी और मूल्य के मामलों में राज्य से मोल-तोल किया, जिसका लाभ छोटे और मध्यस्तरीय

किसानों को भी मिला। गोकि राज्य का स्वरूप बहुल-वर्गीय है, लेकिन स्वतंत्र भारत में विकसित शहरी बुर्जुआ, ग्रामीण धनाढ्य और शहरों के पेशेवर मध्य वर्ग का समाज के अन्य वर्गों पर प्रभुत्व है। औद्योगिक-पूँजीवादी वर्ग का प्रभुत्व, औद्योगिक-उत्पादन के साधनों पर स्वामित्व के कारण स्थापित हुआ है। ग्रामीण धनाढ्य वर्ग का प्रभुत्व, भूमि और श्रमिकों पर नियंत्रण के कारण तथा जाति और समुदाय के आधार पर, मतदाताओं को संगठित करने की शक्ति के कारण स्थापित हुआ है। शहरी पेशेवर वर्ग का प्रभुत्व, आधुनिक सिविल समाज के मुखपत्रों में उसकी प्रभाविता और संपत्ति-आधारित वर्गों से भिन्न 'जन-मत' को 'स्वतंत्र' और 'निष्पक्ष' ढंग से व्यक्त करने की उसकी 'वैधता' के कारण हुआ है। अतः उत्तर-औपनिवेशिक राष्ट्र-राज्य में इन वर्गों का सर्वाधिक प्रतिनिधित्व, सिविल समाज के साथ-साथ मुख्य राजनीतिक दलों में भी इन 'प्रभुत्वशाली वर्गों' के प्रभुत्व की ही अभिव्यक्ति है।

1975 को आजाद भारत का निर्णायक मोड़ माना जा सकता है। इसमें राज्य पर समाज का दबाव इतना बढ़ गया कि समाज को नियंत्रित करने के लिए राज्य को निरंकुश शासन प्रणाली (इमरजेंसी) लागू करनी पड़ी। जयप्रकाश नारायण के आंदोलन में नए राजनीतिक समूहों द्वारा लोकतंत्र की बहाली 1977 में हुई। जे. पी. आंदोलन के प्रतिरोध के कारण, जितनी राजनीतिक शक्तियाँ इमरजेंसी के विरुद्ध थीं, वे जनता पार्टी के रूप में एकजुट हो गईं। इमरजेंसी के बाद 1977 में हुए संसदीय चुनावों में जनता पार्टी ने कांग्रेस पार्टी को पराजित कर दिया और इस तरह देश पर कांग्रेस पार्टी के एकाधिकार का सिलसिला टूट गया। इमरजेंसी लागू करने के विरुद्ध, इन शक्तियों की विजय, 'राज्य' के ऊपर 'समाज' की जनतांत्रिकता की पुष्टि थी। 1977 के बाद से राजनीतिक नेतृत्व के वाम से दक्षिण तक अलग-अलग राजनीतिक गठजोड़ सत्ता में

आते-जाते रहे हैं। ऐसा राज्य के प्रांतीय और केंद्रीय दोनों अंगों में हुआ है। राजनीतिक सामाजीकरण के बढ़ते हुए स्तर ने राज्य को टकराहट और संघर्ष का अखाड़ा बना दिया है। नतीजतन वह 'अधिभार' के दबाव के नीचे आ गया है। सामाजिक गतिशीलता और राजनीतिक भागीदारी के परिणामस्वरूप राज्य के ऊपर समाज के दावे बढ़ते जा रहे हैं।

जनतांत्रिक चुनावों के रूप में राजनीतिक प्रतिस्पर्धा की प्रक्रिया ने लोगों के कामों और ध्यान को राज्य सत्ता की ओर ले जाने का काम किया है। विभिन्न व्यवस्था-विरोधी आंदोलनों को, जिनमें जयप्रकाश नारायण के नेतृत्व में 1975-77 की इमरजेंसी के विरुद्ध किया गया आंदोलन भी शामिल है, राज्य के जीवन में सम्मिलित कर लिया गया। ये औपचारिक राजनीतिक पार्टियों और प्रांतीय और केंद्रीय स्तरों पर सरकारी तंत्रों का हिस्सा बन गए। वामपंथी, यानी कम्युनिस्ट पार्टी ऑफ इंडिया (मार्क्सवादी) से लेकर, हिंदू-राष्ट्रवाद पर आधारित भारतीय जनता पार्टी और उच्च वर्ण-विरोध से स्थापित बहुजन समाज पार्टी, तथा अनेक क्षेत्रीय दल—सभी के राजनीतिक प्रतिनिधियों को राज्य की लचीली सत्ता-संरचनाओं में जगह मिल चुकी है। मिलिबैंड (1969, 1) ने सच ही कहा है, "लोग पहले से कहीं ज्यादा अब, राज्य की छत्रछाया में रहते हैं। व्यक्तिगत रूप में या गुटों में वे जो कुछ भी पाना चाहते हैं, अब मुख्य रूप से राज्य की मंजूरी और सहायता पर निर्भर करता है। पर क्योंकि यह मंजूरी और सहायता अंधाधुंध नहीं प्रदान की जाती, इसलिए इनके लिए जरूरी हो गया है कि ये हमेशा से ज्यादा सीधे तौर पर राज्य की सत्ता और उद्देश्य को प्रभावित करने और रूप देने की चेष्टा करें या उसे कोशिश करके पूरी तरह हथिया लें। लोग राज्य का ध्यान आकर्षित करने या उस पर नियंत्रण करने के लिए ही प्रतिस्पर्धा करते हैं और राज्य के विरोध में ही सामाजिक टकराव की लहरें

आघात करती हैं।"

स्वतंत्र भारत में राज्य की सत्ता के प्रतिरोधों से, विरोधी वर्चस्विता का निर्माण संभव नहीं हो सका है। यद्यपि, वर्ग संघर्ष होते रहे, विशेषकर 1967-72 का नक्सलवादी आंदोलन, बिहार और आंध्र प्रदेश तथा अन्य क्षेत्रों में जारी नक्सलवादी तथा उग्र किसान आंदोलन। लेकिन भारत में उग्र कृषिक आंदोलनों का विश्लेषण करने के बाद दास (1983, 226) ने टिप्पणी की है, "...वर्ग के स्तर पर कृषि-वर्ग अलग-थलग पड़ा रहा...किसान आंदोलन और संगठन दलगत राजनीति में उलझ गए... इस प्रक्रिया में औपचारिक दलगत संरचनाओं के बंदी हो जाने के कारण उनकी तमाम सहजात शक्ति का क्षय हो गया...इन परिस्थितियों में अपने को सक्रिय बनाए रखने के लिए उन्हें राजनीतिक समझ की जरूरत थी, इसके बजाय उन्हें मिलीं राजनीतिक संगठनों की बेड़ियाँ।"

❑ उत्तर-औपनिवेशिक राज्य का वर्चस्व : पूँजी के भूमंडलीकरण और समुदाय के स्थानीयकरण की द्वंद्वात्मकता

जैसा पहले विवेचन किया जा चुका है, स्वतंत्र भारत में राज्य और समाज के संबंधों में 1977 निर्णायक मोड़ का वर्ष था। 1975-77 की राज्य इमरजेंसी के बाद कांग्रेस पार्टी की पराजय के बाद से राज्य की 'सापेक्षित स्वायत्तता' कम होती गयी और राज्य बुर्जुआजी के बढ़ते प्रभाव के अधीन आता गया। इसके अलावा नौकरशाही-तंत्र के अत्यंत तर्कसंगत-औपचारिक-योग्यता पर आधारित ढाँचे के साथ देशी सामाजिक व्यवस्था के अनौपचारिक-सामुदायिक-जातीय-विन्यास का टकराव हुआ। अतः बुर्जुआजी के असंतुष्ट तत्त्वों ने नए राजनीतिक गठबंधन बनाने शुरू कर दिए। 1977 से लेकर आज तक विभिन्न 'शासक वर्ग' पार्टियाँ तथा गठबंधन राष्ट्र-राज्य तंत्र

में सत्तारूढ़ रहे हैं। कांग्रेस पार्टी, जनता पार्टी-जनतादल-संयुक्त मोर्चा, भारतीय जनता पार्टी के नेतृत्व में राष्ट्रीय प्रजातांत्रिक गठबंधन और अभी कांग्रेस के नेतृत्व में संयुक्त प्रगतिशील गठबंधन। पश्चिमी परिकल्पना में निर्मित राष्ट्र-राज्य के अंतर्विरोध, पूर्वी सभ्यता में अब उभर कर सामने आ रहे हैं। समकालीन भारत के सामाजिक, राजनीतिक और सांस्कृतिक जीवन में उनकी छाया दिखाई पड़ रही है। ये अंतर्विरोध सामाजिक संरचना में बुनियादी परिवर्तनों के बिना, आधुनिक राजनीतिक और आर्थिक व्यवस्था के साथ परंपरागत सामाजिक-सांस्कृतिक संरचना के सामंजस्य न हो पाने के कारण और तीव्र हो रहे हैं। भारतीय समाज की मुश्किल यह है कि वह दो-दो संस्कृतियों की अंतर्धाराओं के बीच झूल रहा है—आधुनिक और परंपरागत। परिणाम है आधुनिक और आधुनिक-पूर्व सामाजिक-सांस्कृतिक स्थितियों का सहअस्तित्व। 1990 के दशक में जातिगत (जिसका प्रतीक मंडल का मसला बना, जिसके द्वारा सरकारी नौकरियों में जाति-आधारित आरक्षण दिया गया) और सामुदायिक (मंदिर-मस्जिद की समस्या, जिसके द्वारा हिंदू राष्ट्रवाद प्रभुत्व में आया) टकराहटों के बढ़ते जाने के साथ-साथ तेजी से उदारीकरण और भूमंडलीकरण, को भारत में परिधीय पूँजीवाद की स्थिति में आधुनिक राष्ट्र-राज्य के निर्माण के परिप्रेक्ष्य में समझा जा सकता है। नई पूँजीवादी व्यवस्था में सामाजिक-राजनीतिक प्रबंधन के साधन के रूप में पश्चिमी यूरोप में राष्ट्र-राज्य विशिष्ट ऐतिहासिक परिस्थितियों में उभरा। वहाँ सामंत वर्ग का तख्ता पलटकर औद्योगिक बुर्जुआजी का उदय हुआ। भारत में आधुनिक रूप में राष्ट्र-राज्य मूलतः औपनिवेशिक शासन की सृष्टि था, जिसकी रचना देशी सामाजिक संरचना में बुनियादी रूपांतरण किए बिना की गई थी।

आर्थिक विकास के लिए पूँजी और राजनीतिक-नैतिक वैधता

जुटाने में समुदाय की भूमिका की द्वंद्वात्मकता प्रखर होती जा रही है। इसे भारत की समसामयिक राजनीति के बारे में आम लोगों की 'सहज-समझदारी' से प्रेरित वक्तव्य 'वोट और नोट की राजनीति' में प्रतिबिंबित देखा जा सकता है। जातिगत और सामुदायिक राजनीतिकरण को गरीबी रेखा के नीचे रहने वाले हाशियाई वर्ग की 'आर्थिक दुर्गति' की 'सांस्कृतिक-मनोवैज्ञानिक भँड़ास' की अभिव्यक्ति के रूप में समझा जा सकता है। जाति व्यवस्था तो बिखर रही है, लेकिन जातीय अस्मिता उभर रही है। जहाँ तक धर्म का मामला है, धर्म का राजनीतिक इस्तेमाल भी ज्यादा प्रमुख होता जा रहा है। कुछ बुद्धिजीवी इसे भारत के पिछड़ेपन की बात कहकर निरस्त करते हैं, लेकिन ये विविधता में एकता की भारतीय अवधारणा की विभिन्न विचारधाराएँ हैं। इसलिए राज्य की वर्चस्वधर्मी परियोजना का निर्माण लगातार 'पूँजीवादी' व्यवस्था की अपेक्षाओं और 'समुदाय' की संरचनात्मक अनिवार्यताओं के बीच संतुलन स्थापित करते हुए हो रहा है। इन संरचनात्मक अपेक्षाओं को ध्यान में रखते हुए "हम उन स्थितियों को पहचान सकते हैं जब राज्य की कार्यवाही पूँजीवादी विकास में मददगार होती है और उसे तीव्र करती है और उन स्थितियों को भी, जब, अक्सर लोकप्रिय माँगों के दबाव में, पूँजीवादी अर्थव्यवस्था के सांस्थानिक और संरचनात्मक आधारों को क्षति पहुँचाए बगैर वह पूँजीवादी विकास की गति को बाधित या धीमा करती है" (अल्वी, 1982, 295)।

समकालीन भारत में पूँजी के भूमंडलीकरण तथा समुदाय के स्थानीयकरण के द्वंद्व को ग्राम्शी की 'निष्क्रिय क्रांति' की अवधारणा द्वारा स्पष्ट रूप में समझा जा सकता है। ग्राम्शी ने फ्रांस और इटली में आधुनिक राज्य के निर्माण में अंतरों का विश्लेषण करते हुए, 'निष्क्रिय क्रांति' की अवधारणा प्रस्तुत की। जिसका मतलब है, ऊपर से क्रांति। इटली में उसका मुख्य साधन था राज्य। भारतीय स्थिति

में भी, नयी पूँजीवादी सामाजिक व्यवस्था की स्थापना राज्य के द्वारा ही की गई है। ग्राम्शी (1971, 46), ने कहा है, "इसमें जो मुख्य बात थी, वह यह कि कोई ऐसा सामाजिक समूह नहीं था, जो दूसरे समूहों का 'नेतृत्व' कर रहा हो, बल्कि राज्य था, जो शक्ति के रूप में अपनी सीमाओं के बावजूद उस वर्ग का 'नेतृत्व' कर रहा था जिसे 'नेतृत्व करना चाहिए' था। यह पूरा मसला निष्क्रिय क्रांति का था"। निष्क्रिय क्रांति में वर्चस्व की रचना करने के लिए राज्य प्रभुत्वशाली वर्ग की गतिविधियों का निर्वाह स्वयं करता है। जैसा कि इस अध्याय में विवेचन-विश्लेषण किया जा चुका है, उत्तर-औपनिवेशिक भारत में राज्य की रचना, बुनियादी वर्गों की रचना से बहुत आगे थी। इसलिए राज्य के ढाँचे में जनता की नैतिक-राजनीतिक और बौद्धिक-नैतिक रजामंदी हासिल करने के लिए, राज्य ने 'प्रभुत्वशाली-वर्ग' की राजनीतिक गतिविधि की जगह खुद ले ली। भारतीय बुर्जुआजी को दूसरे सामाजिक समूहों पर सीमित मात्रा में ही वर्चस्व हासिल हो सका अतएव सत्ता के लिए भारत के विभिन्न सामाजिक समूहों के बीच अनवरत समझौते और गठबंधन घटित होते नजर आ रहे हैं। वैसे भी शहरी बुर्जुआजी, ग्रामीण बुर्जुआजी और मध्य वर्ग भारत में 'अपने लिए वर्ग' से अधिक 'अपने में वर्ग' हैं।

ग्राम्शी ने निष्क्रिय क्रांति का विश्लेषण जटिल उथल-पुथल की विशेषता वाले हर दौर की द्वंद्वात्मक व्याख्या के रूप में किया है। जिससे देश की आर्थिक संरचना में राज्य के द्वारा निर्दिष्ट परिवर्तनों के संदर्भ और परिणामों की व्याख्या भी हो जाती है। 1990 वाले दशक से आरंभ भूमंडलीकरण के युग में, शासन करने वाली चार पार्टियाँ तथा गठबंधन, यानी कांग्रेस पार्टी, संयुक्त मोर्चा (जिसमें पहली बार भारत की कम्युनिस्ट पार्टी भी शामिल थी), भारतीय जनता पार्टी के नेतृत्व में राष्ट्रीय जनतांत्रिक गठबंधन, और अभी कांग्रेस

के नेतृत्व में संयुक्त प्रगतिशील मोर्चा, जिसे वाम दलों का बाहर से समर्थन है, सत्ता में रही हैं। कमोबेश इन सभी ने 'सर्वसहमति' से 'विदेशी निवेश को आकर्षित करने के लिए' 'आर्थिक सुधार' और भूमंडलीकरण की राष्ट्रीय आम राय को कार्यान्वित किया है। ग्राम्शी (1971, 160) की टिप्पणी है, "...हस्तक्षेपहीन उदारवाद की स्थिति में, हमारा साबका शासक वर्ग के ऐसे टुकड़े से पड़ता है जो राज्य की संरचना को नहीं, बल्कि सिर्फ सरकारी नीति को बदलना चाहता है, जो वाणिज्य को नियंत्रित करने वाले कानूनों को संशोधित करना चाहता है...दाँव पर एक नए राजनीतिक समाज की बुनियाद और व्यवस्था स्थापित करना नहीं है और उससे भी कम एक नए ढंग के सिविल समाज की स्थापना करना है बल्कि दाँव पर लगा होता है, शासक-वर्ग के गठबंधनों वाली पार्टियों की सत्ता में बारी-बारी से अदला-बदली।" शासक वर्ग की इन परस्पर प्रतिस्पर्धी पार्टियों और गठबंधनों में से किसी के पास राज्य के ढाँचे में बदलाव का कोई एजेंडा नहीं है। 'शासक वर्ग' की इन प्रतिस्पर्धी पार्टियों या गठबंधनों के बीच दूसरे सामाजिक वर्गों पर 'शासक वर्ग' के बुनियादी वर्चस्व को लेकर भारी प्रतिद्वंद्विता मची रहती है। दरसअल हुआ यह है कि राजनीतिक सामाजीकरण तथा प्रजातांत्रिक भागीदारी के फलस्वरूप, खासकर 1977 के पश्चात, दलित-जनजातीय विशाल जनसमूह ने 'वोट बैंक' के रूप में किसी एक पार्टी या गठबंधन से अपना 'रिश्ता' तोड़ लिया है। इस वर्ग की निष्ठा में लगातार बदलाव के कारण राज्य का वर्चस्व नाजुक बन गया है। इस स्थिति से राजनीतिक 'अस्थिरता' पैदा होती रही है। नतीजा है 1990 के दशक से आज तक एक के बाद एक खंडित जनादेश यानी किसी भी एक दल को केंद्र में पूर्ण बहुमत हासिल नहीं हो पाया है, जिसे आजकल की राजनीति की भाषा में 'गठबंधन का युग' (कोऑलिशन एरा) कहा जा रहा है। 'हंटिंग्टन' (गैंडिजयर, 1985, 157 में उद्धृत)

की टिप्पणी है, "जहाँ आर्थिक विकास एक तरफ असमानता बढ़ाता है, तो वहीं सामाजिक गतिशीलता उस असमानता की वैधता को घटाती है। आधुनिकीकरण के ये दोनों पहलू राजनीतिक अस्थिरता पैदा करने में योगदान देते हैं।"

'शासक वर्ग' की 'राजनीतिक अस्थिरता' का मुद्दा सिविल समाज में अंतहीन बहस-मुबाहिसों का मुद्दा बना रहता है और इन पार्टियों और गठबंधनों का बौद्धिक तबका बाजार, मीडिया, अकादमिक और सांस्कृतिक संस्थाओं, औपचारिक-अनौपचारिक संगठनों के माध्यम से एक-दूसरे पर वर्चस्व कायम करने में लगा रहता है। इसी तरह वर्चस्व की रचना संसद तथा विधानसभा की बहसों-मुबाहिसों, जनता की रैलियों, अनुष्ठानों और स्मृति-सभाओं, राष्ट्रीय दिवस समारोहों और प्रतिस्पर्धी जनतांत्रिक चुनावों तथा अखबारों और इलेक्ट्रॉनिक मीडिया द्वारा हर रोज होती रहती है। "वर्चस्व कुछ ऐसा है जो, महज आर्थिक और सामाजिक प्रधानता से पैदा होने वाली ऊपरी संरचना के रूप में नहीं घटित होता है। यह बहुत अंशों में एक स्थायी और लगातार किए जाने वाले प्रयास का नतीजा होता है। यह प्रयास ढेरों एजेंसियों के माध्यम से किया जाता है और इसकी नीयत सायास ऐसी स्थिति पैदा करने की होती है जिसे टैलकाट पॉर्सन्स ने पार्टी के ऊपर, 'राष्ट्रीय आम राय' कहा है, जिसका आधार उच्चस्तरीय भाईचारा होता है" (मिलिबैंड, 1969, 181)। वर्चस्व का एक 'राष्ट्रीय-सार्वजनिक' आयाम होता है और दूसरा विशिष्ट वर्गीय आयाम, जिनमें जाति/वर्ग, नगरीय/ग्रामीण सीमाओं का उसी रूप में अतिक्रमण दिखाई पड़ता है, जैसा राष्ट्रीय स्वाधीनता-आंदोलन के दौरान घटित हुआ था। स्वतंत्र भारत के संदर्भ में, किसी प्रभुत्वशाली वर्ग की वर्चस्विता इस अर्थ में नहीं है कि वह दूसरे वर्गों और सामाजिक समूहों का राजनीतिक, आर्थिक, बौद्धिक और नैतिक नेतृत्व कर सके। इसलिए प्रभुत्वहीन वर्गों और

हाशियाई सामाजिक समूहों पर अपने नैतिक-राजनीतिक और बौद्धिक-नैतिक नेतृत्व के बारे में सहमति जुटाने के लिए राज्य को प्रभुत्वशाली वर्ग की जगह लेनी पड़ती है। यह बात सिलसिलेवार ढंग से विभिन्न सामाजिक समूहों-जातियों के आपसी गठबंधनों और उनके विरोधी गठबंधनों की संरचना में दिखाई पड़ती है, जिसकी अभिव्यक्ति राजनीतिक पार्टियों और मोर्चों की बहुलता में हुई है। ग्राम्शी (1971, 181-2) ने इस परिघटना को सार रूप में प्रस्तुत किया है, ''यह सच है कि राज्य को विशेष समूह के साधन के रूप में देखा जाता है...लेकिन इस विशेष समूह के विकास और विस्तार को, 'राष्ट्र' की सभी 'ऊर्जाओं के सार्विक विकास के और सार्विक विस्तार' की प्रेरक शक्ति के रूप में रचित और प्रस्तुत किया जाता है। इसके साथ ही राज्य के जीवन की, एक निरंतर गतिमान प्रक्रिया के रूप में कल्पना की गई है, जो प्रभुत्वशाली वर्ग और अधीनस्थ वर्ग के हितों के बीच अस्थायी संतुलनों (न्यायिक स्तर पर) को पछाड़ती हुई निरंतर गतिशील रहती है।''

उपरोक्त विवेचन-विश्लेषण से स्पष्ट है कि अनौपनिवेशीकरण के आरंभिक वर्षों में, राष्ट्र-राज्य ने 'सापेक्षिक-स्वायत्तता' का लाभ उठाया, क्योंकि औद्योगिक और कृषिक बुर्जुआजी तब निर्माणाधीन थे और उन्हें राज्य के संरक्षण की जरूरत थी। उपनिवेश-विरोधी संघर्ष ने शासक अभिजात वर्ग को ऊँचे दर्जे की वैधता और जन-समर्थन प्रदान किया था। राष्ट्रीय सुरक्षा और राष्ट्रीय विकास की परियोजनाएँ 'राष्ट्रीय आम सहमति' हासिल कर उत्तर-औपनिवेशिक राज्य की वर्चस्वधर्मी परियोजना बनी। आयात के संरक्षण पर आधारित देशी औद्योगीकरण की नीति के तहत देशी औद्योगिक बुर्जुआजी का उदय हुआ। तकनीकी के नवीनीकरण, भूमि-सुधार, सामुदायिक विकास के कार्यक्रम और पंचायती राज संस्थाओं ने कृषिक बुर्जुआजी के उदय के लिए आधार मुहैया किया। सार्वजनिक

क्षेत्रों की वृद्धि और विकासात्मक नौकरशाही के विस्तार के रूप में राज्य ने अपने लिए भौतिक आधार पैदा किया। चैटर्जी (1993, 212) ने सही टिप्पणी की है, "औद्योगीकरण और पूँजी के विकास की नींव तभी रखी जाती है जब उत्पादन के क्षेत्र में 'प्राकृतिक' स्रोतों को गतिमान करने और उनका प्रबंधन करने के लिए राज्य हस्तक्षेप करता है। निष्क्रिय क्रांति की दृष्टि से देखा जाय तो यह कृषिक राजनीतिक सक्रियता का खतरा उठाए बिना औद्योगीकरण को बढ़ावा देने की अपेक्षित नीति थी। यह उत्तर-औपनिवेशिक राज्य की वर्चस्वधर्मी बनावट का अनिवार्य पक्ष था : सामाजिक संघर्ष की 'अनावश्यक कठिनाइयों' को बचाते हुए संचयन के साथ वैधीकरण का संयोग करना।" परंतु इन परिस्थितियों के परिणामस्वरूप राज्य और समाज के बीच सत्ता-संबंधों में जटिलता पैदा हो गई। 1960 के दशक के अंतिम और 1970 के दशक के आरंभिक वर्षों में समाज पर राज्य-सत्ता के प्रभुत्व का प्रतिरोध उदीयमान शहरी और ग्रामीण बुर्जुआजी के द्वारा होने लगा। विडंबना यह थी कि मुख्य मालिकाना वर्ग को मजबूत बनाने से, राज्य पर ही इन वर्गों की माँगें बढ़ती चली गईं। उदीयमान ग्रामीण बुर्जुआजी राज्य के वर्चस्वी ढाँचे के भीतर आनुपातिक सामाजिक प्रतिष्ठा और सत्ता चाहने लगी। यह स्थिति पश्चिम की तरह नहीं थी जहाँ प्रभुतासंपन्न वर्ग समशील और वर्चस्ववान होता है और सिविल समाज राज्य के पीछे 'किलों' और 'दूहों' की तरह खड़ा रहता है। पश्चिम के प्रभुत्वशाली वर्ग में एकरूपता होती है। वहाँ का 'नागरिक समाज' राज्य की रक्षा दुर्ग बनकर करता है। लेकिन स्वतंत्र भारत में नवोदित शहरी और ग्रामीण बुर्जुआ ने राज्य-प्रभुत्व के लिए कई प्रकार की चुनौतियाँ खड़ी कर दीं। इसी के साथ भारत में राज्य को हाशियाई सामाजिक तबकों के ऊपर वर्चस्व की रचना करने का काम भी अंजाम देना पड़ता है। उत्तर-औपनिवेशिक राज्य की आरंभिक

वर्चस्वधर्मी विचारधाराओं में विकास, समाजवाद, जनतंत्र और धर्मनिरपेक्षता शामिल थे। बाद में भूमंडलीकरण और अर्थव्यवस्था के बाजारीकरण के लिए नेहरूवादी समाजवाद के परित्याग और चुनावों के लिए समाज की जातीय और सामुदायिक संचरणशीलता ने भी राज्य-वर्चस्व की भंगुरता को उजागर कर दिया है।

स्वतंत्रता के पहले दो दशकों के दौरान हासिल राज्य की सापेक्षिक स्वायत्तता बाद के दशकों में प्रतिरोधी आंदोलनों के दबाव में आ गई। उदाहरण के लिए 1967-72 का नक्सलवादी आंदोलन, उत्तर-पूर्व और पंजाब के अलगाववादी आंदोलन और 1970-80 के दशकों में कामगारों और किसानों की हड़तालें तथा 1990 के दशक में आरक्षण-विरोधी आंदोलन और हिंदू राष्ट्रवादी आंदोलन तथा कई क्षेत्रों में जारी नक्सलवादी आंदोलन। परंपरागत रूप में, भारतीय राज्य का चरित्र, राजा और पुरोहित के बीच कार्यों के स्पष्ट विभाजन के कारण धर्मनिरपेक्ष रहा है तथा समाज की प्रवृत्ति जीवन के धार्मिक क्षेत्रों में राज्य के द्वारा हस्तक्षेप न करने के सिद्धांत पर आधारित रही है। गोकि, आधुनिकीकरण और शहरीकरण ने जाति और समुदाय की 'कर्मकांड' संबंधी विशेषताओं को कम किया है, पर चुनाव संबंधी गतिविधियों ने उनकी 'कर्मोपयोगी' उपयोगिता को बढ़ाया है। भारतीय सामाजिक व्यवस्था को, इस प्रकार पूँजी द्वारा अपेक्षित भूमंडलीकरण और समुदाय द्वारा अपेक्षित स्थानीयकरण के द्वंद्व का सामना करना पड़ रहा है। इस द्वंद्व का, अभी तक कोई हल नहीं निकला है। अपनी-अपनी परंपरा, संस्कृति और विशिष्ट इतिहास की पृष्ठभूमि में हर एक देश, बुर्जुआ-पूँजीवादी सभ्यता की ऊपर से एक जैसी दिखाई पड़ने वाली 'सार्वभौमिक' व्यवस्था और संरचना के विशिष्ट और रचनात्मक रूपांतरणों का विकास करने में संलग्न है। यह रूपांतरण समाज, समय और संस्कृति के अनुसार बदलता रहता है। भारत जैसे सांस्कृतिक, धार्मिक, भौगोलिक विविधता

वाले समाज में भारतीय पूँजीवाद का जिस तरह ठोस स्थितियों में विकास हो रहा है, उसके विशिष्ट लक्षणों का अध्ययन करने के लिए 'सत्ता-संबंधों' के साथ-साथ 'उत्पादन-संबंधों' और 'उत्पादन की स्थितियों' के इस पुस्तक में प्रस्तुत विवेचन-विश्लेषण से, भारत में, राज्य की वर्चस्वधर्मी परियोजना की जटिलता स्पष्ट होती है। भूलना नहीं चाहिए कि स्वतंत्र राज्य की निर्मिति के लगभग साठ वर्ष के पीछे दो सौ वर्षों की औपनिवेशिक विरासत और प्राचीन और मध्ययुगीन उपमहाद्वीपीय साम्राज्यों की परंपरा दाय के रूप में मौजूद है। रूडोल्फ और रूडोल्फ (1987, 400-5) ने टिप्पणी की है, ''ईश्वर के बारे में हिंदू अवधारणाओं के समान ही भारत में राज्य की स्थिति एक ऐसे बहुरूपी जीव की तरह है, जिसके एकाधिक रूप और अवतार हैं... उनमें से एक उस तीसरे अभिनेता की तरह है जिसका पैमाना और शक्ति, वर्गगत राजनीति को हाशिये पर रखने में योगदान देते हैं...इससे भिन्न एक पूँजीवादी राज्य है जो मिश्रित अर्थव्यवस्था की सीमाओं की रक्षा करता है...अंततः एक समाजवादी राज्य है जिसका सरोकार है गरीबी और विशेषाधिकारों का उन्मूलन।''

अध्याय पाँच : निष्कर्ष

आधुनिक भारत की द्वंद्व-कथा : औपनिवेशिक-पूर्वार्द्ध से भूमंडलीय-उत्तरार्द्ध की यात्रा

"इस तथ्य में एक निष्क्रिय क्रांति निहित है कि—राज्य के वैधानिक हस्तक्षेप और निगमीयकरण के माध्यम से—देश की आर्थिक संरचना में ऐसे संशोधनों की शुरुआत की जाती है जिनके दूरगामी परिणाम होंगे—यह एकमात्र ऐसा हल हो सकता था, जिसके तहत परंपरागत शासक वर्गों के निर्देशन में उत्पादक शक्तियों का विकास किया जाता, ताकि वे ऐसे देशों की अधिक विकसित औद्योगिक संरचनाओं के साथ मुकाबला कर सकें, जिन्होंने कच्चे माल पर एकाधिपत्य स्थापित कर रखा है और अपार पूँजी इकट्ठा कर ली है...इस तरह यह स्थिति परंपरागत शासक वर्ग के हाथों वर्चस्वधर्मी व्यवस्था तथा सैनिक और सिविल दमनकारी शक्तियों को और सुदृढ़ करती है।"

ग्राम्शी (1971, 119-20)

❑ भूमंडलीय युग में भारत : भूमंडलीकरण, उत्तर-आधुनिकता तथा देशज संस्कृतियों-अस्मिताओं का संघर्ष

इस पुस्तक में किए गए विवेचन-विश्लेषण से यह निष्कर्ष निकाला जा सकता है कि अगर हम उपनिवेशवाद और भूमंडलीकरण को आधुनिक भारत के पूर्वार्द्ध और उत्तरार्द्ध के रूप में देखें तो इस दौर के तमाम ऐतिहासिक बिंदु खुद-ब-खुद स्पष्ट हो जाते हैं। पिछले अध्याय में भूमंडलीय पूँजीवाद के युग में उत्तर-औपनिवेशिक राष्ट्र-राज्य के राष्ट्रीय विकास की वर्चस्वधर्मी परियोजना तथा पूँजी के भूमंडलीकरण और समुदाय के स्थानीयकरण की द्वंद्वात्मकता पर विचार किया जा चुका है। पुस्तक के प्रारंभ में हम देख चुके हैं कि किस तरह भारत का आधुनिक युग में प्रवेश, स्वतंत्र देश, समाज तथा राज्य के रूप में नहीं हो पाया। वरन् जब पूरा विश्व औद्योगिक क्रांति तथा फ्रांसीसी क्रांति से आरंभ आधुनिक युग में प्रवेश कर रहा था, ठीक उसी वक्त भारत का औपनिवेशीकरण हो गया। इस 'औपनिवेशिक मुठभेड़' के सभी पहलुओं पर विस्तृत विवेचन-विश्लेषण पिछले अध्यायों में किया जा चुका है। अब जरा देखें कि औपनिवेशिक पूर्वार्द्ध से शुरू आधुनिक भारत की द्वंद्व-कथा की परिणति भूमंडलीय उत्तरार्द्ध में कैसे होती है। आज हर तरफ, जीवन के हर क्षेत्र में अगर किसी एक शब्द का सर्वाधिक बोल-बाला है, तो वह है, भूमंडलीकरण। भूमंडलीकरण आखिर है क्या? भूमंडलीकरण नई सहस्राब्दी का नया नारा है, उत्तर-औद्योगिक समाजों के लिए यह एक नया विमर्श भी है तथा इसके अत्यधिक उभार ने, इसे ऐतिहासिक संदर्भों एवं सामाजिक-सांस्कृतिक सीमाओं से विलग कर नए भूमंडलीय विश्व के एक जोरदार तर्क के रूप में ला खड़ा किया है। इलेक्ट्रॉनिक मीडिया ने इसकी राष्ट्रेतर एवं प्रतिमान से परे छवियों को उभारकर, समकालीन जीवन पर पड़ने वाले इसके वास्तविक प्रभाव को अतिरंजित

ढंग से प्रस्तुत किया है। मैक्लुहान की 'विश्व-ग्राम' (ग्लोबल विलेज) के रूप में नए आदर्शलोक की अवधारणा हो अथवा भूमंडलवादियों की 'राज्यहीन' विश्व की बातें, ये वास्तविक एवं प्रत्यक्ष होने वाले भूमंडलीकरण तथा उसकी प्रचारित छवियों के बीच भेद को धूमिल कर देती हैं। 'राष्ट्र-राज्य की प्रभुसत्ता पर भूमंडलीकरण का प्रभाव' इस समय समाज-शास्त्रों एवं प्रचार-माध्यमों में जबर्दस्त बहस का विषय है तथा इसने 1999 में सिएटल में विश्व-व्यापार संगठन के विरुद्ध व्यवस्था-विरोधी दलों तथा गैरसरकारी संगठनों द्वारा किए गए विरोधों तथा प्रदर्शनों को देखते हुए अंतरराष्ट्रीय महत्त्व प्राप्त कर लिया है।

भूमंडलवादी (ग्लोबलिस्ट्स) अनियंत्रणीय विश्व-अर्थव्यवस्था में बहुराष्ट्रीय कंपनियों एवं बाजार शक्तियों को बहुत बड़ी उपलब्धियों की तरह मानते हैं और इस प्रकार बाजार को राज्य के विकल्प के रूप में प्रस्तुत करते हैं। सच्चाई इस नवशास्त्रीय उदारतावाद के एकदम विपरीत है। भूमंडलवादियों का 'शक्तिहीन राज्य' का प्रचार भी वैश्विक उच्च वर्ग की लफ्फाजी है, जो कार्पोरेट हाउस एवं पाँचतारा होटलों में सुख भोगते हुए विश्व के महानगरों से सारा व्यापार चलाते हैं। अतएव उनके लिए राष्ट्र-राज्य की शक्ति तथा सीमाओं का भले ही कोई अर्थ न रह गया हो। लेकिन विश्व के बहुसंख्यक निम्नवर्ग के लिए ठीक इन भवनों के नीचे फुटपाथ पर बनी झोंपड़ियों और चाय-पान की दुकानों पर बुलडोजर चलाने को राष्ट्र-राज्य अपनी पूरी ताकत के साथ उपस्थित और उद्यत है। इस प्रकार भूमंडलीकरण से विकसित एवं विकासशील देशों के बीच ध्रुवीकरण और तीव्र हो गया है, ठीक वैसे ही जैसे इन देशों के धनाढ्य एवं निर्धन वर्ग के बीच ध्रुवीकरण तीव्र हुआ है। 'पूँजी बाजार' के 'चढ़ते-उतरते सेंसेक्स' से उत्तेजित हो मुक्त बाजार के नवउदारवादी समर्थकों ने इस तथ्य की अनदेखी की है कि विदेशों

से व्यापार तथा बढ़ रही अंतरराष्ट्रीय पूँजी को ही भूमंडलीकरण नहीं माना जा सकता। इतिहास की दृष्टि से वित्त-बाजार के अंतरराष्ट्रीयकरण के लक्षण 1870 से खोजे जा सकते हैं, न कि 1970 से, जैसा कि भूमंडलवादी मानते हैं। अंतरराष्ट्रीय व्यापार की वर्तमान पद्धति औपनिवेशिक युग में ही विकसित हो गई थी तथा आधुनिक बहुराष्ट्रीय कंपनियों को औपनिवेशिक व्यापार-कंपनियों के उत्तराधिकारियों के रूप में ही देखा जाना चाहिए। हर्स्ट एवं थाम्पसन के अनुसार ब्रिटेन तथा अन्य अर्थतंत्रों का अंतरराष्ट्रीय वित्तीय प्रसार 1910 तथा 1914 के बीच 1980 की तुलना में कहीं अधिक था। पूँजी का गतिशील निवेश वित्त के स्तर पर पहली दुनिया से तीसरी दुनिया तक कोई परिवर्तन नहीं लाता तथा संसार के व्यापार का 80 प्रतिशत व्यापार पश्चिम के देशों में ही होता है। भूमंडलीकरण ने पहली दुनिया एवं तीसरी दुनिया के बीच ध्रुवीकरण को गहरा किया है तथा उपजाऊ पूँजी का सर्वाधिक भाग पहली दुनिया तक ही सीमित कर दिया है। लेखक ह्यूजवेल्ट के अनुसार 1960 तक के औपनिवेशिक युग में तीसरी दुनिया को कुल सीधे निवेश का आधा भाग प्राप्त हुआ; यह प्रतिशत 1966 में एक तिहाई तक गिर गया तथा 1974 तक एक चौथाई ही रह गया। इसके बाद 1988-89 तक आते-आते यह मात्र 16.9 प्रतिशत तक सीमित हो गया। इन्हीं ऐतिहासिक तथ्यों के मद्देनजर प्रसिद्ध अर्थशास्त्री समीर अमीन ने हाल ही में लिखी पुस्तक 'भूमंडलीकरण के युग में पूँजीवाद' में विश्व-व्यापार संगठन तथा अन्य ब्रेटन वुड्स संस्थाओं को भूमंडलीकरण के नाम पर चल रहे युद्धोत्तर तंत्र में 'अमेरिकी वर्चस्व का शासकीय उपकरण' माना है।

फर्क सिर्फ यह है कि व्यापार युग तथा औद्योगिक क्रांति के युग में पूँजीवाद का विस्तार तथा राष्ट्र-राज्य का विकास एक साथ हुआ। जबकि 1945 के बाद युद्धोत्तर विश्व में भौगोलिक पुनर्गठन

करके ब्रेटन वुड्स संस्थानों ने राष्ट्रीय अर्थतंत्र को समाप्त करके, पूँजी संचय के अंतरराष्ट्रीय आर्थिक प्रबंध तथा सामाजिक-राजनीतिक आयामों के राष्ट्रीय प्रबंध के बीच टकराहट पैदा कर दी है। इस तरह भूमंडलीकरण 1990 के साम्यवादोत्तर युग में नए मिथक के रूप में उभरा है। सोवियत तर्ज पर प्रचलित 'राज्य-प्रेरित' समाजवाद के अवसान ने भूमंडलीकरण के मिथक को ऐसे ईजाद किया है, मानों यह 1990 में ही शुरू हुआ हो। जबकि हम पहले देख चुके हैं कि व्यापार एवं वित्त का अंतरराष्ट्रीयकरण औपनिवेशिक युग का एक अभिन्न अंग रहा है। अतः भूमंडलीकरण को आधुनिकता, विज्ञान, राज्य तथा बाजार द्वारा संसार को बनाने-बिगाड़ने की औद्योगिक क्रांति के दौर से शुरू बुर्जुआ पूँजीवादी व्यवस्था के उत्तरार्द्ध के रूप में देखना चाहिए। जहाँ तक राष्ट्र-राज्य की प्रभुसत्ता पर भूमंडलीकरण के प्रभाव की बात है तो सच्चाई यह है कि राष्ट्र-राज्यों ने ही भूमंडलीकरण को सक्रियता प्रदान की है और बदले में भूमंडलीकरण भी राष्ट्र-राज्य की रूपरेखाओं को निरूपित कर रहा है। व्यापार एवं वित्त के अंतरराष्ट्रीयकरण का अलग-अलग राष्ट्र-राज्यों पर अलग-अलग प्रभाव पड़ा है। जर्मनी, चीन तथा जापान जैसे शक्तिशाली राज्यों ने इस भस्मासुर को वश में कर लिया है, किंतु उप-सहारा अफ्रीका के कमजोर राज्य, आर्थिक सुधारवाद के कार्यक्रमों के ऋणजाल में फँस गए हैं। वास्तविकता यह है कि विश्व-बाजार-शक्तियों की इस 'अजेय एवं बेरोक मार-काट' में राष्ट्र-राज्य कहीं भी मिटा नहीं है। केवल आर्थिक प्रबंध के अंतरराष्ट्रीय स्पेस तथा सामाजिक-राजनीतिक प्रबंध के राष्ट्रीय स्पेस के बीच द्वंद्व पैदा हुआ है। इस द्वंद्व से राष्ट्र-राज्य की अनुकूलन क्षमता तथा इसकी आर्थिक क्रियाओं के अंतरराष्ट्रीयकरण द्वारा भली-भाँति निपटा जा रहा है। इस प्रकार भूमंडलीकरण अथवा आर्थिक-उदारतावाद को उत्तर-आधुनिक राष्ट्र-राज्य के वर्चस्व की नई प्रक्रियाओं-परियोजनाओं के तौर पर

देखा जाना चाहिए। यहाँ पर अंतोनियो ग्राम्शी को स्मरण करना अत्यंत सुसंगत होगा, जिन्होंने राष्ट्र-राज्य के आर्थिक उदारीकरण तथा कार्यकारी अल्पकरण के छद्म विभाजन को समाप्त किया, ''यह कहा जाता है कि आर्थिक गतिविधि सिविल सोसाइटी की है तथा राज्य को इसे व्यवस्थित करने के लिए दखल नहीं देना चाहिए। मगर सत्य यह है कि सिविल सोसाइटी एवं राज्य में कोई अंतर नहीं, दोनों एक ही हैं। अतः यह स्पष्ट किया जाना चाहिए कि निर्बंध-बाजार व्यवस्था भी राज्य-नियंत्रण का ही रूप है, जो कानून एवं दमनकारी बल-प्रयोग के पैमानों द्वारा आर्थिक गतिविधियों को संचालित करता है।''

वर्तमान भारतीय समाज इसी भूमंडलीय युग में अपनी आधुनिक यात्रा पर गतिमान है। फर्क सिर्फ यह पड़ा है कि उत्तर-साम्यवादी एक ध्रुवीय विश्व में नारे बदल गये हैं : आज हम हंटिंग्टन, की 'सभ्यताओं के युद्ध', फुकुयामा द्वारा 'इतिहास के अंत' या उत्तर-आधुनिकतावाद द्वारा आधुनिकतावाद के अंत के दावों, के बीच जी रहे हैं। वास्तविकता यह है कि आज कोई भी इस बात से इंकार नहीं कर सकता कि आधुनिक विश्व, औद्योगिकीकरण की सभ्यता पर आधारित है लेकिन उसके साथ यह मानना कि आज की तारीख में पश्चिम की सभ्यता से गैर-पश्चिमी सभ्यताओं का युद्ध चल रहा है, या इतिहास अथवा आधुनिकता का अंत हो चुका है, यह गलत बात है। पूरा का पूरा आधुनिक विश्व औद्योगिक सभ्यता का विश्व है, संस्कृतियाँ सबकी अलग-अलग थीं और हैं। औद्योगिकीकरण-आधुनिकीकरण का सभी देशज संस्कृतियों पर अलग-अलग प्रभाव पड़ा है। लेकिन जब से भूमंडलीकरण तथा उत्तर-आधुनिकता के नाम पर पिछले दो-तीन दशकों में पश्चिम ने, गैर-पश्चिमी देशों पर पुनः वर्चस्व स्थापित करने का प्रयास तेज किया है, तब से उसकी प्रतिक्रिया गैर-पश्चिमी देशों में संस्कृतियों-सामुदायिक अस्मिताओं के

स्तर पर हुई है। अतएव उत्तर-साम्यवादी युग, संस्कृतियों-अस्मिताओं के संघर्ष का युग है।

ऐतिहासिक दृष्टिकोण से देखें तो द्वितीय विश्व युद्ध के बाद पूरी तीसरी दुनिया के देशों में राष्ट्रीय स्वतंत्रता के आंदोलनों की सफलता के फलस्वरूप उत्तर-औपनिवेशिक समाजों का उदय हुआ। उन्नीस सौ साठ-सत्तर के दशक में आधुनिकीकरण की प्रक्रिया के तहत इन समाजों में आधुनिकता के उपकरणों, राष्ट्र-राज्य, औद्योगिकीकरण, कानून का शासन और कई देशों में सार्विक बालिग मताधिकार पर आधारित लोकतांत्रिक प्रणाली का विकास हुआ। इस तरह सौ-दो सौ सालों के औपनिवेशीकरण के पश्चात् तीसरी दुनिया के देशों—दक्षिण एशिया, पश्चिम एशिया, मध्य एशिया को अपनी-अपनी संस्कृतियों का विकास करने का अवसर मिला। यह आधुनिकीकरण तथा धर्मनिरपेक्षतावाद के वर्चस्व का दौर था जो साठ-सत्तर के दशक तक चला। लेकिन आधुनिकता के माध्यम से उत्तर-औपनिवेशिक समाजों का आर्थिक तथा सामाजिक विकास जब अपेक्षित गति से नहीं हो पाया, तब इन समाजों में आधुनिकता तथा धर्मनिरपेक्षतावाद के वर्चस्व का प्रतिरोध शुरू हुआ, जो लोकतांत्रिक समाजों जैसे भारत में सत्तर के अंत में सामुदायिक-जातीय-क्षेत्रीय अस्मिताओं के राजनीतिक उभार के रूप में अभिव्यक्त हुआ तथा गैर-लोकतांत्रिक समाजों, जैसे ईरान में 1979 की धार्मिक क्रांति में। आधुनिकता तथा धर्मनिरपेक्षतावाद के विकल्प के रूप में अस्सी-नब्बे के दशक में पश्चिम में उत्तर-आधुनिकतावाद तथा गैर-पश्चिम के देशों में देशज सांस्कृतिक-सामुदायिक विमर्श का उभार हुआ, जिसने धार्मिक आधार पर भी आधुनिक राष्ट्र-राज्य के विकल्प प्रस्तुत करने का प्रयास किया, जो इस्लाम प्रधान देशों में ज्यादा देखने को मिला, क्योंकि औपनिवेशिक युग के ठीक पहले, इन देशों का ओटोमन तथा मुगल साम्राज्य के रूप में पूरे विश्व में प्रभाव था। जैसे-जैसे बीसवीं सदी के अंतिम

दशकों तथा नई इक्कीसवीं सदी में आर्थिक भूमंडलीकरण ने देशों की सीमाओं को ध्वस्त किया तथा इलेक्ट्रॉनिक मीडिया ने पश्चिमी संस्कृति को पूरे विश्व की संस्कृति के रूप में प्रस्तुत किया, वैसे-वैसे हर गैर-पश्चिमी देश-समाज में इस विदेशी संस्कृति के प्रतिरोध में देशी संस्कृति-अस्मिताओं और जड़ों की तरफ लोगों का ध्यान आकृष्ट हुआ। अस्सी तथा नब्बे के दशकों में आरंभ भूमंडलीकरण के विमर्श ने नव-साम्राज्यवादी रूप अख्तियार कर पूरे विश्व का एकरूपीकरण (होमोजिनाइजेशन) करने का प्रयास किया है। कितनी बड़ी विडंबना है कि जब पश्चिम में उत्तर-आधुनिक विमर्श, विशिष्टताओं-स्थानिकताओं के महत्त्व पर जोर दे रहा है, वहीं आर्थिक भूमंडलीकरण गैर-पश्चिमी संस्कृतियों का एकरूपीकरण करने पर तुला है।

उत्तर-औपनिवेशिक समाजों में पश्चिम के इस अंतर्विरोध पर प्रतिक्रिया होनी अवश्यंभावी थी, जो 'पूँजी के भूमंडलीकरण' के प्रतिरोध में 'समुदायों के स्थानीयकरण' के द्वंद्व के रूप में उभर रहा है, जिसके तहत स्थानीय-देशज-अस्मिताएँ-संस्कृतियाँ पश्चिमी वर्चस्व को अस्वीकार कर रही हैं। इस तरह यह सभ्यताओं का युद्ध नहीं, संस्कृतियों का संघर्ष है, जो 11 सितंबर 2001 के अमेरिका के विरुद्ध आतंकवादी हमले की घटना से जगजाहिर हुआ है, लेकिन यह आर्थिक भूमंडलीकरण के प्रतिरोध के रूप में लगातार जारी था जो सिएटल तथा जिनेवा में हुए विरोध-प्रदर्शनों में अभिव्यक्त हो चुका था। विश्व व्यापार संगठन की सिएटल बैठक के विरोध का यही मूल मुद्दा था। स्वयं पश्चिम के सिविल-समाजों में भी उनके खुद के राष्ट्र-राज्यों की अनैतिक नीतियों के खिलाफ जनमत तैयार हो रहा है। 2003 में कान्कुन में विश्व व्यापार संगठन की बैठक में किसानों को लेकर पश्चिमी अनुदानों (सब्सिडी) की नीतियों के खिलाफ तीसरी दुनिया के मोर्चे 'जी-21' का सबसे जोरदार समर्थन, प्रथम विश्व के सिविल-समाज के गैर-सरकारी संगठनों तथा आंदोलनों

ने किया। परिणामस्वरूप पहली बार पश्चिम के देश, विश्व व्यापार को एकतरफा चलाने की अपनी मुहिम में असफल हुए। सईद तथा चॉम्स्की जैसे सक्रिय बुद्धिजीवियों ने, पूरे विश्व के सिविल-समाजों में जागरूकता लाने का सफल प्रयास किया है। यहाँ तक कि अब कहा जाने लगा है कि विश्व की एकमात्र महाशक्ति अमेरिका का प्रतिद्वंद्वी, अब कोई 'अन्य' राष्ट्र-राज्य नहीं, वरन् पूरे विश्व का जागरूक सिविल-समाज है। यानी विश्व का सिविल-समाज ही आज दुनिया की दूसरी महाशक्ति है।

यहाँ ध्यान देने योग्य तथ्य यह है कि आज पश्चिम के देश, जो जनसंख्या में विश्व के 15 प्रतिशत हैं, उनके पास विश्व की 85 प्रतिशत पूँजी है, जबकि गैर-पश्चिमी देश, जहाँ विश्व के 85 प्रतिशत लोग रहते हैं, वे विश्व की मात्र 15 प्रतिशत पूँजी में गुजारा करते हैं। इस आर्थिक असमानता का प्रतिरोध आर्थिक आधार वाली विचारधारा यानी साम्यवाद से नहीं हो पाया, तो गैर-पश्चिमी समाजों ने अपनी देशज-संस्कृतियों-समुदायों, जड़ों-अस्मिताओं को टटोलना शुरू किया, जिसने कहीं-कहीं धार्मिक कट्टरता का रूप भी ग्रहण कर लिया, जिसे पश्चिमी विमर्श ने 'फंडामेंटलिज्म' का नाम दिया। एडवर्ड सईद ने लिखा है कि नब्बे के दशक के पहले इस शब्द का प्रयोग ही नहीं होता था। इस संदर्भ में टेरी ईगल्टन ने महत्त्वपूर्ण बात कही है कि पश्चिम का उत्तर-आधुनिकतावाद तथा गैर-पश्चिम का धार्मिक कट्टरतावाद दोनों आधुनिकता के विरोध में उपजे हैं। इस तरह एक ही सिक्के के दो पहलू हैं तथा एक-दूसरे के पूरक भी। अतएव उत्तर-औपनिवेशिक समाजों में आधुनिकता के बरक्स चल रही सामाजिक-सांस्कृतिक 'विपरंपराकरण' की प्रक्रिया के तहत एकीकृत वैश्विक पश्चिमी संस्कृति के प्रतिरोध के रूप में देशज संस्कृतियों-अस्मिताओं का जो उठान है, उसे आधुनिकता के बरक्स देशज संस्कृतियों-अस्मिताओं के संघर्ष के रूप में देखा जाना चाहिए,

ठीक उसी तरह जैसे उत्तर-आधुनिकतावाद का उदय पश्चिम में हुआ।

❑ बहुल आधुनिकताएँ : राजनीतिक-आर्थिक आधुनिकता और सामाजिक-सांस्कृतिक विपरंपराकरण

मेरे विचार से भारत तथा उपनिवेश रह चुके अन्य राष्ट्रों के सामने सबसे बड़ी समस्या है, कि वे पचास-साठ सालों में ही दो सौ वर्षों में यूरोप-अमेरिका में हुए औद्योगिकीकरण, राष्ट्र-राज्य के विकास, आधुनिकता, लोकतंत्र के विकास को, पूँजी की कमी की स्थिति में, कैसे प्राप्त करें। आज इस बात से कोई नहीं इंकार कर सकता कि वर्तमान विश्व, औद्योगिकीकरण की अर्थव्यवस्था पर आधारित है, चाहे वह पूँजीवादी सामाजिक संरचना हो, चाहे साम्यवादी। फर्क सिर्फ स्वामित्व तथा पूँजी एवं श्रम के पारस्परिक सत्ता-संबंधों का है, जिसके लिए दोनों व्यवस्थाएँ 'राज्य' रूपी औजार पर निर्भर हैं। पूँजीवादी व्यवस्था हो या समाजवादी, राज्य-सत्ता, सामाजिक वर्गों के आपसी समीकरणों द्वारा संचालित होती है। सवाल है कि भौगोलिक-राष्ट्रीय सुरक्षा और समुदायों-जातियों-वर्गों-व्यक्तियों के विकास के लिए कल्याणकारी राज्य हो या विकासशील राज्य। आजादी से 1980 तक स्वतंत्र भारत में राजनीतिक-आर्थिक मोर्चे पर समाजवाद का बोलबाला रहा, जिसने तार्किक रूप से धर्मनिरपेक्षतावाद की विचारधारा को सामाजिक-सांस्कृतिक सहमति प्रदान की। लेकिन जैसे-जैसे 1990 के दशक में आर्थिक-सुधारवाद ने गति पकड़ी, समाजवाद के साथ-साथ उसके सुपरस्ट्रक्चर, धर्मनिरपेक्षतावाद का वर्चस्व भी प्रश्नांकित होने लगा। आर्थिक-सुधारवाद के कार्यक्रमों ने जहाँ राष्ट्र-राज्य की आर्थिक प्रक्रियाओं का भूमंडलीकरण किया, वहीं प्रजातांत्रिक भागीदारी ने सहस्राब्दियों से दबी-कुचली स्थानीय अस्मिताओं—दलित, स्त्री, क्षेत्र तथा जाति आधारित राजनीतिक

अस्मिताओं को अभिव्यक्ति प्रदान की। आज का भारत पूँजी के भूमंडलीकरण तथा समुदाय के स्थानीयकरण के इसी द्वंद्व के संक्रमण से गुजर रहा है। अर्थव्यवस्था लगातार वैश्विक होती जा रही है, और समाज-व्यवस्था स्थानीय-जातीय। इसी द्वंद्व को धर्मनिरपेक्षतावाद तथा सांस्कृतिक राष्ट्रवाद की राजनीतिक विचारधाराएँ, राज्य प्राप्ति-वर्चस्व के अपने सत्ता-संघर्ष में पकड़ नहीं पा रही हैं। इसलिए संस्कृति के अगुआ चाहे सांस्कृतिक राष्ट्रवाद के नाम पर अतीत को पुकारें, चाहे धर्मनिरपेक्षता के नाम पर सांस्कृतिक बहुलता का नारा दें। लक्ष्य है—राष्ट्र की अपनी-अपनी परिकल्पनाओं द्वारा राज्य पर वर्चस्व स्थापित करना। यही आज के भारत का सबसे प्रमुख द्वंद्व है। सांस्कृतिक-बौद्धिक स्तर पर धर्मनिरपेक्षतावाद या सांस्कृतिक राष्ट्रवाद का नारा, विभिन्न राजनीतिक समूहों द्वारा अपने-अपने ढंग से राज्य प्राप्ति-वर्चस्व के लक्ष्य को वैधता प्रदान करने का वैचारिक मुखौटा है।

आधुनिकता, औद्योगिक पूँजीवाद तथा राष्ट्र-राज्य के ऐतिहासिक परिप्रेक्ष्य में, वर्तमान भारतीय परिदृश्य का विश्लेषण करने पर हम पाते हैं कि भारतीय विमर्श में इस समय असमंजस की सी स्थिति है। कुछ का कहना है कि हम 'उत्तर-आधुनिक' हो चुके हैं, कुछ का कहना है आधुनिक और कुछ लोग अभी भारत को 'प्राक्-आधुनिक' मानते हैं। सच्चाई यह है कि पूर्व-आधुनिक भारतीय समाज, दो सौ वर्षों का औपनिवेशिक समाज तथा लगभग साठ वर्षों का उत्तर-औपनिवेशिक भारत, आज एक साथ हमारे यहाँ मौजूद है। इस तरह भारत में आधुनिकता के बहुल रूप एक साथ उपस्थित हैं। हमारी राजनीतिक-आर्थिक व्यवस्था, पूर्णतया आधुनिक (लोकतांत्रिक-औद्योगिक) है, जबकि सामाजिक-सांस्कृतिक संरचनाओं को आधुनिकता के 'ट्रिकिल-डाउन' (नीचे रिसाव) प्रक्रिया के भरोसे छोड़ दिया गया है। ऐसे में खासतौर पर बहुलतावादी संस्कृति

(मल्टी-कल्चरल) की स्थिति में बहुल-आधुनिकता, स्वाभाविक है। हम एक साथ आधुनिक-प्राक्-आधुनिक अर्थात् उत्तर-सामंती समाज-संस्कृति में जी रहे हैं। इस संदर्भ में 26 फरवरी 2001 को नई दिल्ली में द्वितीय 'दोराब टाटा स्मारक व्याख्यान माला' में भारतीय अस्मिता (इंडियन आइडेंटिटी) के प्रश्न पर बोलते हुए नोबेल पुरस्कार विजेता अर्थशास्त्री अमर्त्य सेन ने कहा कि "अस्मिता खोज की वस्तु नहीं है, चाहे वह अतीत की हो या वर्तमान की—वरन् अस्मिता तर्क (रीजन) द्वारा चुनाव का विषय है, भारतीय अस्मिता की समझ एवं विश्लेषण के संदर्भ में बहुलता (प्लुरलिटी) एवं चयन के मुद्दे बहुत महत्त्वपूर्ण हैं।" इस संदर्भ में अपने विश्लेषण में धार्मिक-सांस्कृतिक विविधता, बहुलता वाले भारतीय परिप्रेक्ष्य में, अस्मिता के इकहरेपन की अवधारणाओं से सेन ने असहमति व्यक्त की। आधुनिक भारत में हम एक साथ अपने गाँव, नए अपनाए गए शहर (विस्थापित), पुराने संस्कारों, आधुनिक विचारों के साथ, बहुल-अस्मिताओं एवं बहुल-आधुनिकताओं के युग में जी रहे हैं।

ब्रिटिश समाजशास्त्री एन्थनी गिड्डेंस ने अपनी पुस्तक आधुनिकता के परिणाम (कांसिक्वेंसेज ऑफ मॉडर्निटी) में आधुनिकता के बरक्स 'विपरंपराकरण' (डिट्रेडिशनलाइजेशन) की बात उठाई है, जिसके तहत पश्चिम की अवधारणाओं पर आधुनिक होने की बजाय परंपरागत समाज आधुनिकता के उपकरणों—राष्ट्र-राज्य, औद्योगीकरण, बाजार, लोकतंत्र, मीडिया का अपनी स्थानीय आवश्यकताओं के अनुसार उपयोग भी करते हैं और उधर अपनी सामाजिक-सांस्कृतिक संरचनाओं में जड़ होती जा रही परंपराओं को सूखे पत्तों की तरह छोड़ते चले जाते हैं, जो समकालीन भारतीय सामाजिक-सांस्कृतिक यथार्थ के करीब लगता है। गिड्डेंस की अवधारणा है कि हमने प्रकृति और बाह्य जीवन की अनिश्चितताओं पर पूर्ण नियंत्रण के लिए आधुनिकता का सहारा लिया, लेकिन आधुनिकता ने खुद अपने

अनिश्चय और भय हमारे ऊपर थोप दिए हैं, जिसको वे 'विनिर्मित अनिश्चितताएँ' (मैनुफैक्चर्ड अन्सर्टेन्टीज) कहते हैं जैसे आतंकवाद का खतरा, ग्लोबल वार्मिंग, न्यूक्लीयर युद्ध का खतरा, जेनेटिकली मॉडिफाइड फूड, नारीवादी तथा दलित-जनजातियों के सशक्तीकरण से सामाजिक सत्ता-संरचना (पावर-स्ट्रक्चर) में उथल-पुथल इत्यादि। सच्चाई यह है कि आधुनिकता और परंपरा का द्वंद्व पश्चिम के देशों में भी हुआ, पर वहाँ दो सौ सालों की अवधि में इस द्वंद्व के निराकरण के लिए गुंजाइश भी निकलती रही। लेकिन तीसरी दुनिया के देशों में, पश्चिम में हुए आधुनिकता के विकास को दो सौ वर्षों की बजाय पचास-साठ साल की अवधि में तय करना पड़ रहा है, वह भी 'असमान आर्थिक विश्व-व्यवस्था' में। जहाँ आधुनिकता का विकास पश्चिम में पूँजी के आधिक्य में हुआ एवं हो रहा है, वहीं तीसरी दुनिया में आधुनिकता का विकास, पूँजी की अपार कमी में हो रहा है। यही स्थितियाँ, भारतीय परिप्रेक्ष्य में बहुल-अस्मिताओं तथा बहुल-आधुनिकताओं की जनक हैं।

आज से छप्पन वर्षों पहले, 25 नवंबर 1949 को संविधान सभा में अपने भाषण में डॉ. भीमराव अंबेडकर ने इन्हीं स्थितियों को लक्ष्य करके कहा था कि, "राजनीति की दुनिया में हम एक व्यक्ति एक वोट, और एक वोट एक मूल्य के उसूल को अपनाने जा रहे हैं। लेकिन, सामाजिक और राजनीतिक जीवन में हम अपने आर्थिक और सामाजिक ढाँचे के कारण एक वोट एक मूल्य के उसूल को नकारते ही रहेंगे। अंतर्विरोधों की इस दुनिया में हम आखिर कब तक जिएँगे?" राजनीति की दुनिया में हमने आधुनिक लोकतांत्रिक प्रणाली, सार्विक मताधिकार, एक व्यक्ति एक वोट, और एक वोट एक मूल्य अपनाया, लेकिन हमने अपने सामाजिक ढाँचे में कोई मौलिक परिवर्तन नहीं किया। अर्थनीति में पहले चालीस वर्ष 'मिश्रित अर्थव्यवस्था' तथा उसके बाद 'उदारीकरण की अर्थव्यवस्था' अपनाई।

समाज के हाशिए पर रहने वाले दलित-जनजातीय समुदाय के सशक्तीकरण के लिए उत्तर-औपनिवेशिक राष्ट्र-राज्य द्वारा विधायिकाओं एवं सरकारी नौकरियों में आरक्षण की नीति पहले चालीस साल लागू करने के साथ, नब्बे के दशक में मंडल आयोग की सिफारिशें लागू करके अन्य पिछड़ी जातियों को भी आरक्षण प्रदान किया गया। लेकिन जिस तरह औपनिवेशिक युग में औपनिवेशिक राज्य ने भारतीय समाज तथा संस्कृति का आधुनिकीकरण यानी समाज का मौलिक रूपांतरण न करके, भारतीय समाज का सिर्फ कर्मोपयोगी रूपातंरण किया, वही नीति उत्तर-औपनिवेशिक राष्ट्र-राज्य ने भी कायम रखी। हमारी समकालीन सोच, सभ्यता, संस्कृति एवं समाज में व्याप्त अंतर्विरोधों, विरोधाभासों तथा विडंबनाओं का यही मूल कारण है। जिसके मर्म को डॉ. अंबेडकर ने 1949 में ही पहचान लिया था। हमारी सामाजिक-सांस्कृतिक संरचना अभी भी अर्धसामंती-अर्ध-आधुनिक है। सिर्फ, उसका 'विपरंपराकरण' हो रहा है, जबकि राजनीति तथा अर्थव्यवस्था, आधुनिकता के सिद्धांतों पर चलाई जा रही है। फिर भी आधुनिकता का परंपरागत भारतीय समाज पर सबसे प्रमुख प्रभाव यह पड़ा है कि औपनिवेशिक काल में भी स्त्री, दलित तथा जनजातीय मुक्ति के आंदोलनों की सुगबुगाहट शुरू हो गई थी, जिसे राष्ट्रीय स्वतंत्रता आंदोलन ने भी अपने साथ शामिल कर लिया था।

आजाद भारत में शुरू हुई लोकतांत्रिक भागीदारी ने धीरे-धीरे हर बीतते दशक में दलित/दमित जन समूह को जागरूकता प्रदान की है। आजादी के बाद राजनीति तथा अर्थनीति के आधुनिकीकरण के तहत, लोकतांत्रिक भागीदारी, सार्विक मताधिकार, पंचायती राज, विकास के विकेंद्रीकरण तथा खासकर उत्तर-इमरजेंसी भारत में केंद्र तथा राज्यों की सत्ता में विभिन्न दलित-पिछड़े-जनजातीय वर्गों की भागीदारी ने सत्ता तथा समाज के संबंधों में द्वंद्वात्मकता का विकास

किया है। आज उत्तर-औपनिवेशिक भारत में, प्रभुत्वशाली वर्ग एवं प्रभुत्वहीन वर्ग के बीच सत्ता-संघर्ष प्रभुत्व एवं प्रतिरोध के द्वंद्वात्मक संबंधों की धुरी पर, अनवरत गतिमान है। यह स्थिति प्रभुत्वशाली वर्ग के प्रभुत्व को नैतिक-बौद्धिक वर्चस्व हासिल नहीं करने दे रही है। इस तरह बहुल-आधुनिकताओं के लबादों में लिपटे समकालीन भारत में प्रभुत्व तथा प्रतिरोध के द्वंद्वात्मक अंतर्संबंधों की धुरी पर आधुनिक भारतीय समाज, 'सतह से उठता हुआ' (मुक्तिबोध के शब्दों में) साफ नजर आ रहा है। मेरे दृष्टिकोण में आधुनिकता का उत्तर-औपनिवेशिक भारतीय सामाजिक-राजनीतिक-सांस्कृतिक जीवन पर यही सबसे महत्त्वपूर्ण प्रभाव है, जिसके दूरगामी परिणाम होंगे।

❑ सैद्धांतिक अवधारणा की कसौटी

इस पुस्तक में, राज्य के वर्चस्व के विखंडन से निकली प्रभुत्व तथा प्रतिरोध की द्वंद्वात्मकता की सैद्धांतिक अवधारणा की कसौटी पर मैंने औपनिवेशिक तथा उत्तर-औपनिवेशिक भारतीय समाज के अनुभवों को परखा है। इससे राज्य और समाज के संबंधों की बहुआयामी अंतर्व्याप्ति का खुलासा हुआ है। इस विखंडन के माध्यम से भारत में, राज्य की वर्चस्व परियोजना की जटिलता उभरकर सामने आती है। भूलना नहीं चाहिए, कि लगभग साठ वर्षीय स्वतंत्र राज्य-संघटना की जड़ें दो सौ वर्षों की औपनिवेशिक विरासत और हजारों वर्षों पहले की प्राचीन तथा मध्ययुगीन उपमहाद्वीपीय साम्राज्यों की परंपरा के दाय में मौजूद हैं। राज्य की वर्चस्वधर्मी परियोजनाओं, उपकरणों और प्रक्रियाओं की समस्याओं पर नजर डालने से, उन तमाम छिपे रहस्यों पर से पर्दा उठा है जो सत्ता-संबंधों की सामाजिक सच्चाइयों में बहुस्तरीय मानव-संघर्ष से जुड़े हैं। इस सैद्धांतिक

अवधारणा से मुझे इस बात में मदद मिली, कि मैं औपनिवेशिक और उत्तर-औपनिवेशिक भारत में बुनियादी 'संरचनात्मक' रूपांतरण के बिना राज्य और समाज के कर्मोपयोगी रूपांतरण की मूल समस्या का उद्घाटन कर सकूँ। औपनिवेशिक शासन के आरंभिक दौर में इंग्लैंड के औद्योगीकरण और भारत के निरौद्योगीकरण की द्वंद्वात्मकता, औपनिवेशिक शासन के आखिरी दौर में उपनिवेशवाद और राष्ट्रवाद की द्वंद्वात्मकता और उत्तर-औपनिवेशिक भारत में पूँजी के भूमंडलीकरण और समुदाय के स्थानीयकरण की द्वंद्वात्मकता –ये सब, विभिन्न ऐतिहासिक निर्णायक मोड़ों पर इस मूल समस्या तथा प्रभुत्व और प्रतिरोध की द्वंद्वात्मक अभिव्यक्तियाँ हैं।

इस पुस्तक में किए गए विवेचन-विश्लेषण को दृष्टि में रखते हुए कहा जा सकता है कि राज्य का वर्चस्व, बुर्जुआ-पूँजीवादी सभ्यता के महाआख्यानों के सार्वीकरण में निहित है। निष्क्रिय क्रांति की परिस्थितियों में राज्य की निर्मिति होने के कारण वर्चस्व की रचना करने के लिए 'प्रभुत्वशाली' वर्गों की भूमिका की जगह राज्य स्वयं ले लेता है। स्थानीय स्तर पर अनगिनत वर्चस्वधर्मी परियोजनाओं का जो सफल-असफल क्रम चलता रहता है, बृहत्-स्तर पर, राज्य की वर्चस्विता लगातार उनकी रचना-पुनर्रचना की प्रक्रिया में लगी रहती है। इस तरह वह शक्ति की आधुनिक शासन प्रणाली के सार्विक विस्तार के लिए 'सार्थक और वस्तुगत ढाँचा' मुहैया कराती है। वह प्रणाली जिसको शासित वर्गों और सामाजिक समूहों से विरोध और सहमति दोनों मिलते हैं। यह स्थिति आधुनिकता के महाआख्यानों अर्थात् पूँजी, वर्ग-संरचना, बौद्धिकता और व्यक्तिवाद के साथ पूँजीवाद से पहले की सामाजिक संरचनाओं, परंपराओं और रीति-रिवाजों के सहअस्तित्व से उत्पन्न होती है। आधुनिक राष्ट्र-राज्य की बुर्जुआ व्यवस्था की उत्पत्ति, पूँजी की साम्राज्यिक 'बहुतायत' और उत्पादन की 'विकसित' स्थितियों में पश्चिम में हुई, परंतु वह उत्तर-औपनिवेशिक

समाज की पूँजी की 'कमी' और उत्पादन की 'विकासशील' स्थितियों में अभाव की जिंदगी जीती है। इस तरह उत्तर-औपनिवेशिक राष्ट्र-राज्य का उदय, औपनिवेशिक अतीत और उत्तर-औपनिवेशिक स्थितियों, पश्चिम और पूर्व, पूँजी और समुदाय के बीच एक विराट सेतु के रूप में हुआ है।

मैंने इस पुस्तक के मूल पाठ के कलेवर में जिस साहित्य का जिक्र किया है उस पर और अपनी सभ्यता संबंधी स्मृति और सांस्कृतिक विरासत को मैंने ग्राम्शी के साथ-साथ गाँधी, फेनों, फूको और फ्रेयरे के वैचारिक विवेक की सोहबत में देखा है। इस पुस्तक में मैं जैसे-जैसे आगे बढ़ता गया, सत्ता-संबंधों की सामाजिक तस्वीर और साफ होती गई। इससे औपनिवेशिक और उत्तर-औपनिवेशिक भारतीय जीवन की ऐसी समग्र स्वर-रचना उभरती है जिसमें वह संस्कृति और राजनीति, ज्ञान और सत्ता, विमर्श और नियंत्रण, प्रभुत्व और प्रतिरोध तथा दमन और मुक्ति के प्रश्नों से तरह-तरह से जूझ रहा है। मैंने वर्चस्व की अवधारणा को 'दमन' और 'सहमति' की अंतःक्रीड़ा के निर्णयात्मक नतीजे के रूप में सीमित नहीं किया है। बल्कि इसके विखंडन से, प्रभुत्व तथा प्रतिरोध की द्वंद्वात्मकता की धुरी पर गतिमान औपनिवेशिक तथा उत्तर-औपनिवेशिक भारतीय समाज के यथार्थ को अनावृत किया है। रोजमर्रा की जिंदगी में जनता राज्य की वर्चस्वधर्मी परियोजनाओं का विरोध-समर्थन जिस तरह करती है उसे प्रस्तुत करके, मैंने राज्य-वर्चस्व को 'रहस्यमयता से मुक्त' करने का प्रयास किया है। मैंने वर्चस्व की पहले से तय 'खोज' करने के बजाय प्रतिरोध और संघर्ष के विविध स्थलों पर नजर डाली है। प्रभुत्व और प्रतिरोध के इस विशद आख्यान की अपनी लय है, दरारें और विघटन हैं, अंतराल और अंतर्विरोध हैं, असंगतियाँ और आकस्मिकताएँ हैं। इन्हीं के बीच से शक्ति-संघर्ष की दास्तान की सच्चाई तो प्रकट होती ही है, साथ ही वर्चस्व की दमनकारी

नीतियाँ और वर्चस्वविरोधी प्रतिरोध की गतिविधियाँ भी उजागर होती चलती हैं। महत्त्वपूर्ण यह है कि इस प्रक्रिया में, प्रतिरोध की स्थितियों के ऐतिहासिक और सामाजिक-आर्थिक संदर्भ की अनदेखी नहीं की गई है। ग्राम्शीय विश्लेषण-पद्धति के प्रति मेरे आकर्षण का तर्क यही है कि वह विशिष्टताओं, अनिश्चितताओं और जटिलताओं का विश्लेषण करते हुए राज्य के जीवन को निर्मिति की ऐसी प्रक्रिया के रूप में देखता है, जो अस्थायी संतुलनों को पछाड़ती हुई निरंतर गतिशील रहती है। विचार विश्लेषण की इस प्रक्रिया में, आधुनिक भारत का अतीत पृष्ठभूमि में खिसक गया है और वर्तमान अधिक स्पष्ट और प्रत्यक्ष रूप में उभरकर सामने आया है। पहले अध्याय में मेरे इस कथन का कि, "...यह पुस्तक वर्तमान को समझने के लिए अतीत का उत्खनन है," यही आशय था। ग्राम्शी ने भी कहा है, "यदि वर्तमान को बदलना चाहते हो, तो वह जैसा भी है, उसी प्रचंड रूप में उसके यथार्थ को उद्घाटित करना अत्यंत आवश्यक है।"

ग्रंथ-सूची

(इस पुस्तक के मूल पाठ में संदर्भित पुस्तकों के लेखक के नाम के साथ कोष्ठक में पहले पुस्तक के प्रकाशन का वर्ष तथा साथ में पृष्ठ संख्या दर्शाई गई है।)

1. अब्राम्स, फिलीप. 1988. ''नोट्स ऑन द डिफिकल्टी ऑफ स्टडिंग द स्टेट''. *जनरल ऑफ हिस्टोरिकल सोशिऑलॉजी,* वाल्यूम 1 नंबर (1) : 58-84.

2. अल्वी, हाम्जा. 1979. ''द स्टेट इन पोस्ट-कोलोनियल सोसाइटीज : पाकिस्तान एंड बंगलादेश.'' *पॉलिटिक्स एंड स्टेट इन द थर्ड वर्ल्ड* में। संपादक : हैरी गौलबौर्ने, 38-69. लंदन : मैकमिलन.

3. अल्वी, हाम्जा. 1982. ''स्टेट एंड क्लास अंडर पेरिफेरल कैपिटलिज्म''. *इंट्रोडक्शन टू द सोशिऑलॉजी ऑफ डेवेलपिंग सोसाइटीज,* में। संपादक : हाम्जा अल्वी एंड ट्योडर शानीन, 289-308. लंदन : मैकमिलन.

4. अल्वी, हाम्जा 1989. ''फॉरमेशन ऑफ द सोशल स्ट्रक्चर ऑफ साउथ एशिया अंडर द इंपैक्ट ऑफ कोलोनियलिज्म''.

सोशिऑलॉजी ऑफ 'डेवेलपिंग सोसाइटीज' साउथ एशिया. में। संपादक : हाम्जा अल्वी एंड जॉन हैरिश, 5-27 लंदन : मैकमिलन.

5. अमीन, समीर. 1997. *कैपिटलिज्म इन द एज ऑफ ग्लोबलाइजेशन : मैनेजमेंट ऑफ कन्टेम्पररी सोसाइटी.* लंदन : जेड बुक्स.

6. एंडरसन, बेनेडिक्ट. 1983. *इमैजिंड कम्युनिटीज : रिफ्लेक्शंस ऑन द ऑरिजिन एंड स्प्रेड ऑफ नेशनलिज्म.* लंदन : वेर्सो.

7. बैनर्जी, सुमंत. 1984. *इंडियाज सिमेरिंग रेवॅलूशन : द नक्सलाइट अपराइजिंग.* लंदन : जेड बुक्स.

8. बैशम, ए. एल. 1981. *द वंडर दैट वाज़ इंडिया.* कलकत्ता : रूपा एंड कं.

9. ब्राश, पॉल. 1990. द *न्यू कैंब्रिज हिस्ट्री ऑफ इंडिया : द पॉलिटिक्स ऑफ इंडिया सिंस इंडिपेंडेंस.* कैंब्रिज : कैंब्रिज यूनिवर्सिटी प्रेस.

10. ब्रेउली, जॉन. 1982. *नेशनलिज्म एंड द स्टेट.* मैनचेस्टर : मैनचेस्टर यूनिवर्सिटी प्रेस.

11. कैसिरर, अर्न्स्ट. 1969. *द मिथ ऑफ द स्टेट.* लंदन : येल यूनिवर्सिटी प्रेस.

12. चैटर्जी, पार्था. 1986. *नेशनलिस्ट थॉट एंड द कोलोनियल वर्ल्ड : ए डेरिवेटिव डिस्कोर्स?* लंदन : जेड बुक्स.

13. चैटर्जी, पार्था. 1993. द *नेशन एंड इट्स फ्रैगमेंट्स : कोलोनियल एंड पोस्ट-कोलोनियल हिस्ट्रीज.* प्रिंसटन : प्रिंसटन यूनिवर्सिटी

प्रेस.

14. कोहन बरनार्ड. 1983. "रिप्रेजेंटिंग ऑथारिटी इन विक्टोरिअन इंडिया." *द इनवेंशन ऑफ ट्रेडिशन* में। संपादक : इरिक हॉब्सबाम, एंड टेरेंस रेंजर, 165-210. कैंब्रिज : कैंब्रिज यूनिवर्सिटी प्रेस.

15. कूपर फ्रेडरिक तथा ऐन स्टोलर (सं.). 1997. *टेंशंस ऑफ एॅम्पायर : कोलोनियल कल्चर्स इन ए बुर्जुवा वर्ल्ड.* लंदन : यूनिवर्सिटी ऑफ कैलिफोर्निया प्रेस.

16. कॉरिगन, फिलिप तथा सेयर, डेरेक. 1985. *द ग्रेट आर्क : इंगलिश स्टेट फॉरमेशन ऐज कल्चरल रेवॅलूशन.* ऑक्सफोर्ड : बेसिल ब्लैकवेल.

17. क्रश, जोनाथन. 1995. *पावर ऑफ डेवेलपमेंट.* लंदन : रूटलेज.

18. दास, अरविंद. 1983. "*अग्रेरिअन चेंज फ्रॉम एबव एंड बिलो : बिहार 1947-78". सबाल्टर्न स्टडीज II* में। संपादक : रंजीत गुहा, 180-227. नई दिल्ली : ऑक्सफोर्ड यूनिवर्सिटी प्रेस.

19. डर्क्स, निकोलस. (सं.), 1992. *कोलोनियलिज्म एंड कल्चर.* मिशिगन : द यूनिवर्सिटी ऑफ मिशिगन प्रेस.

20. डर्क्स, निकोलस. 1987. *द हॉलो क्राउन : एथनोग्राफी ऑफ ऐन इंडियन किंगडम.* कैंब्रिज : कैंब्रिज यूनिवर्सिटी प्रेस.

21. ड्यूमो, लुई. 1972. *होमो हिरार्किकस : द कास्ट सिस्टम एंड इट्स इमप्लिकेशंस.* लंदन : पालाडिन.

22. फेनों, फ्रैंज. 1967. (अनु. सी. फारिंगटन). *द रेचेड ऑफ द अर्थ.* लंदन : पेंग्विन बुक्स.

23. फूको, मिशेल. 1981. (अनु. हर्ले, रॉबर्ट). *द हिस्ट्री ऑफ सेक्सुएलिटी : ऐन इंट्रोडक्शन.* लंदन : पेंग्विन बुक्स.

24. फ्रेयरे, पाउलो. 1970. (अनु. एम. बी. रामोस), *पेडॉगॉगी ऑफ द ऑप्रेस्ड.* लंदन : पेंग्विन बुक्स.

25. फ्युलर, क्रिस. 1989. "ब्रिटिश इंडिया ऑर ट्रेडिशनल इंडिया? : लैंड, कास्ट एंड पावर". *सोशियॉलॉजी ऑफ 'डेवेलपिंग सोसाइटीज' साउथ एशिया* में। संपादक : हाम्जा अल्वी एंड जॉन हैरिस, 28-40. लंदन : मैकमिलन.

26. गाँधी, महात्मा. 1968. (सं. श्रीमन नारायन). *द सेलेक्टेड वर्क्स ऑफ महात्मा गाँधी : द वायस ऑफ ट्रुथ.* अहमदाबाद : नवजीवन पब्लिशिंग हाउस.

27. जेंडजीअर, इरेन. 1985. *मैनेजिंग पोलिटिकल चेंज : सोशल साइंटिस्ट एंड द थर्ड वर्ल्ड.* कोलोराडो : वेस्टव्यू प्रेस.

28. गिड्डेंस, एंथनी. 1990. *कांसिक्वेंसेज ऑफ मॉडर्निटी.* पालिटी प्रेस : कैंब्रिज, इंग्लैंड.

29. ग्राम्शी, अंतोनियो. 1971. (अनुवाद और संपादन क्यूनटिन, होरे और जाफरी स्मिथ). *सेलेक्शंस फ्रॉम द प्रिजन नोटबुक्स.* लंदन : लॉरेंस एंड विशार्ट.

30. गुहा, रंजीत. 1989. "डॉमिनेंस विदाउट हेजेमनी एंड इट्स हिस्टीरिओग्राफी". *सबाल्टर्न स्टडीज VI* में। संपादक : रंजीत गुहा, 210-309. नई दिल्ली : ऑक्सफोर्ड यूनिवर्सिटी प्रेस.

31. गुहा, रंजीत. (सं.). 1997. *ए सबाल्टर्न स्टडीज रीडर 1986-1995.* लंदन : यूनिवर्सिटी ऑफ मिनेसोटा प्रेस.

32. गुहा, रंजीत. 1997. *डॉमिनेंस विदाउट हेजेमनी : हिस्ट्री एंड पावर इन कोलोनियल इंडिया.* कैंब्रिज : हारवर्ड यूनिवर्सिटी प्रेस.

33. गुप्त, दीपंकर. 2000. *मिस्टेकन मॉडर्निटी : इंडिया बिट्वीन वर्ल्ड्स.* हार्पर कॉलिंस : नई दिल्ली.

34. हनिंघम, स्टीफन. 1983. *"क्विट इंडिया इन बिहार एंड द ईस्टर्न युनाइटेड प्रॉविंस : द ड्यूअल रिवोल्ट". सबाल्टर्न स्टडीज II* में। संपादक : रंजीत गुहा, 130-179. नई दिल्ली : ऑक्सफोर्ड यूनिवर्सिटी प्रेस.

35. कौटिल्य. 1987. (अनुवादक एल. एन. रंगराजन). *द अर्थशास्त्र.* नई दिल्ली : पेंग्विन बुक्स.

36. कविराज, सुदीप्त. 1994. "आन द कंसट्रक्शन ऑफ कोलोनियल पावर : स्ट्रक्चर, डिस्कोर्स हेजेमनी". *कॉन्टेस्टिंग कोलोनियल हेजेमनी : स्टेट एंड सोसाइटी इन अफ्रीका एंड इंडिया,* में। संपादक : डॉगमर इंजेल्स तथा शुला मार्क्स. 19-78. लंदन : आइ.बी. टौरिस.

37. खिलनानी, सुनील. 2001. (अनु. अभयकुमार दुबे). *भारतनामा :* राजकमल प्रकाशन : नई दिल्ली.

38. लीज, कोलीन. 1996. *द राइज एंड फॉल ऑफ डेवेलपमेंट थियरी.* लंदन : जेम्स कर्रे.

39. मेड्ली, जॉन. 1992. *ट्रेड एंड पुअर.* लंदन : आई. टी. पब्लिकेशंस.

40. मिलिबैंड, राल्फ. 1969. *द स्टेट इन कैपिटलिस्ट सोसाइटी.* लंदन : वाइडेनफेल्ड एंड निकोलसंस.

41. मूर जूनियर, बैरिंगटन. 1967. *सोशल ओरिजिंस ऑफ डिक्टेटरशिप एंड डिमॉक्रसी : लॉर्ड एंड पीजेंट इन द मेकिंग ऑफ द मॉडर्न वर्ल्ड.* लंदन : पेंग्विन बुक्स.

42. मंक, रोनाल्ड. 1986. *द डिफिकल्ट डायलॉग : मार्क्सिज्म एंड नेशनलिज्म.* लंदन : जेड बुक्स.

43. नेहरू, जवाहरलाल. 1981. *द डिसकवरी ऑफ इंडिया.* नई दिल्ली : जवाहरलाल नेहरू मेमोरियल फंड.

44. पामदत्त, रजनी. 1940. *इंडिया टुडे.* लंदन : विक्टर गोलांज लिमिटेड.

45. पीटरसे, जान तथा भीकू पारेख. (सं.). 1995. *द डिकॅलोनाइजेशन ऑफ इमैजिनेशन : कल्चर नॉलेज एंड पावर.* लंदन : जेड बुक्स.

46. प्रेस्टन, पी.डब्लू. 1996. *डेवेलपमेंट थियरी : एन इंट्रोडक्शन.* ऑक्सफोर्ड : ब्लैकवेल.

47. रोजबेरी, विलियम. 1994. "हेजेमनी एंड द लैंग्वेज ऑफ कॉनटेशन". *एवरिडे फॉर्म्स ऑफ स्टेट फॉरमेशन : रेवॅलूशन एंड द निगोशिएशन ऑफ रूल इन मॉडर्न मैक्सिको,* में। संपादक : गिलबर्ट जोसेफ तथा डैनएल यूगेंट, 355-366. लंदन : ड्यूक यूनिवर्सिटी प्रेस.

48. रूडोल्फ, लॉयड तथा रूडोल्फ सुजान. 1987. *इन परस्यूट ऑफ लक्ष्मी : द पॉलिटिकल इकानमी ऑफ द इंडियन स्टेट.* शिकागो : द यूनिवर्सिटी ऑफ शिकागो प्रेस.

49. सईद, एडवर्ड. 1994. *कल्चर एंड इंपीरियलिज्म.* लंदन : विंटेज.

50. सईद, एडवर्ड. 1979. *ओरियेंटलिज्म.* न्यू यॉर्क : विंटेज.

51. सरकार, सुमित. 1983. *मॉडर्न इंडिया : 1885-1947.* लंदन : मैकमिलन.

52. सेन, अमर्त्य. 2001. *'व्हाट इज द आइडिया ऑफ इंडिया'.* द्वितीय दोराब टाटा स्मारक व्याख्यानमाला. नई दिल्ली, इंडियन एक्सप्रेस, 26 फरवरी, 2001.

53. स्मिथ, एंथनी. 1983. *स्टेट एंड नेशन इन द थर्ड वर्ल्ड : द वेस्टर्न स्टेट एंड अफ्रिकन नेशनलिज्म.* ससेक्स : ह्वीटशेफ बुक्स.

54. स्मिथ, विंसेट. 1958. (सं. परसिवल स्पीअर). *द ऑक्सफोर्ड हिस्ट्री ऑफ इंडिया.* लंदन : ऑक्सफोर्ड यूनिवर्सिटी प्रेस.

55. सूबेदार सीताराम. 1999. (अनु. मधुकर उपाध्याय). *किस्सा पांडे : सीताराम सूबेदार.* दिल्ली : सारांश प्रकाशन.

56. विनायक, अचिन. 1990. *द पेनफुल ट्रांजिशन : बुर्जुआ डिमॉक्रसी इन इंडिया.* लंदन : वर्सो.

57. वेबर, मैक्स. 1958. (अनु. टालकट पारसंस). *द प्रोटेस्टेंट एथिक एंड द स्पिरिट ऑफ कैपिटलिज्म.* न्यू यॉर्क : चार्ल्स स्क्राइबनूर्स संस.

❑❑❑